COLLECTION MICHEL LÉVY
— 1 franc le volume —
1 franc 25 centimes à l'étranger

HENRY MURGER
— ŒUVRES COMPLÈTES —

LE DERNIER
RENDEZ-VOUS

— LA RÉSURRECTION DE LAZARE —

NOUVELLE ÉDITION

PARIS
MICHEL LÉVY FRÈRES, LIBRAIRES-ÉDITEURS
RUE VIVIENNE, 2 BIS

1857

COLLECTION MICHEL LÉVY

LE DERNIER

RENDEZ-VOUS

ŒUVRES COMPLÈTES
DE
HENRY MURGER

FORMAT GRAND IN-18.

SCÈNES DE LA VIE DE BOHÈME.	1 vol.
SCÈNES DE LA VIE DE JEUNESSE.	1 —
LE DERNIER RENDEZ-VOUS.	1 —
LE PAYS LATIN.	1 —
SCÈNES DE CAMPAGNE.	1 —
LES BUVEURS D'EAU.	1 —
LES AMOUREUSES.	1 —
LES VACANCES DE CAMILLE.	1 —
PROPOS DE VILLE ET PROPOS DE THÉATRE.	1 —
BALLADES ET FANTAISIES.	1 —

LA VIE DE BOHÈME, comédie en cinq actes et en prose.
LE BONHOMME JADIS, comédie en un acte et en prose.

LAGNY. — Typographie de VIALAT.

LE DERNIER
RENDEZ-VOUS

— LA RÉSURRECTION DE LAZARE —

PAR

HENRY MURGER

NOUVELLE ÉDITION

PARIS
MICHEL LÉVY FRÈRES, LIBRAIRES-ÉDITEURS
RUE VIVIENNE, 2 BIS
—
1858

— Droits de traduction et de reproduction réservés. —

LE
DERNIER RENDEZ-VOUS

I.

Vers le milieu de l'automne, par un de ces temps pacifiques du mois de septembre où le ciel brille d'une sérénité particulière aux derniers beaux jours de l'année, un jeune homme qui paraissait avoir trente ans quittait, à la station de Sèvres, le convoi du chemin de fer se dirigeant sur Versailles, et prenait la route qui mène à Ville-d'Avray. Il était accompagné d'une femme dont la demi-toilette du matin indiquait une personne habituée aux élégances de la vie parisienne. A peine étaient-ils sortis du débarcadère et avaient-ils fait quelques pas sur la route, — la femme releva vivement le voile qu'elle avait tenu baissé pendant le trajet du chemin de fer. Avec un mouvement de vivacité qui semblait trahir un sentiment de curiosité longtemps contenue ; son compagnon se pencha vers elle, et pendant un instant la regarda sans rien dire ; mais cependant que de paroles dans ce rapide regard, et quelles paroles ! En se voyant examinée ainsi et d'aussi près, la femme ne put s'empêcher de tressaillir ; une nuance d'inquiétude parut et disparut sur son visage, où un gai sourire effaça bientôt toute trace de l'émotion passagère qu'elle n'avait pu contenir. Elle paraissait avoir le même âge que son cavalier, un an ou deux de moins peut-être ; elle n'était ni belle ni même jolie, mais ses traits irréguliers étaient pleins de sympathie, mais ses yeux couleur de la mer, et d'où jaillissait un éclat à la fois fier et tendre, répandaient sur sa figure un charme vague, rempli d'une séduction indéfinissable ; elle semblait enfin appartenir à une certaine nature de femmes dont la fréquentation peut ne pas inspirer de fantaisie, mais pour lesquelles on n'éprouve jamais moins qu'une passion profonde. Deux ou trois rides imperceptibles traversaient son front, dont la blancheur mate ressortait encore dans l'encadrement de sa chevelure noire et luisante. Depuis quelques instants, à cette pâleur, qui n'était point le hâle blafard d'une mélancolie de convention, ni d'une santé délicate, se mêlait peu à peu un coloris rosé qui semblait indiquer une transpiration de bien-être intérieur, et donnait à son visage une animation charmante.

Ils allaient ainsi tous deux par un beau chemin sous de grands arbres émus par la brise ; derrière eux et devant eux, partout la verdure ; ici des jardins, là des champs, plus loin les bois où le jaune automne commençait à jeter ses teintes fauves ; — sur leur tête, un beau ciel où l'été brûlait sa dernière fournée ; sous leurs pieds, l'herbe verte encore où leurs pas se moulaient à peine, tant leur démarche était légère, lui pressé d'arriver sans doute, elle pressée de le suivre. Certes, celui-là qui les eût ainsi rencontrés au bras l'un de l'autre aurait pu leur dire : D'où venez-vous ? mais il n'eût point songé à leur demander où ils allaient, car il aurait pu le deviner rien qu'au sillage amoureux que laissait leur passage. Cependant ils marchaient presque sans causer, échangeant à peine à de rares intervalles quelques mots indifférents qui n'avaient aucun rapport avec leur situation commune, parlant ainsi moins pour parler que pour entendre le son de leur voix et se prouver à eux-mêmes qu'ils étaient bien ensemble et que leur réunion n'était point un rêve.

Au bout de vingt minutes, ils étaient arrivés à l'extrémité du village de Ville-d'Avray et s'arrêtaient devant la porte d'un restaurant, où ils entrèrent. Le jeune homme demanda qu'on leur fît préparer à déjeuner. Le maître de cet endroit, demi-auberge, demi-cabaret, habitué à recevoir des couples citadins, leur offrit un cabinet; mais elle et lui, d'un mouvement commun, répondirent en souriant qu'ils préféraient rester au grand air et qu'on les servît dans le jardin.

Quelques instants après, ils étaient assis en face l'un de l'autre, auprès d'une table rustique. Leur couvert avait été dressé sous un berceau de vigne folle, ayant vue sur les étangs de Ville-d'Avray, dont les eaux servaient de miroir aux collines boisées qui les entourent. Des groupes d'enfants jouaient sur les bords de l'étang. Les uns essayaient de mettre à flot une barque échouée au rivage; les autres, ayant surpris les lignes oubliées par un pêcheur, luttaient entre eux à qui le premier jetterait l'hameçon, et pour une ablette qui venait mordre par hasard, c'était un chorus à fatiguer les échos. A cette rumeur enfantine venait se joindre, de la berge opposée, le battement du lavoir sonore, où la chronique du village fredonnait son cancan quotidien. Tout ce paysage charmant exposé dans un cadre lumineux, les figures rustiques et les bruits familiers qui l'animaient, furent pour celle et celui qui venaient de s'asseoir sous les pampres sauvages un spectacle dont la contemplation fit naître au même instant dans le cœur de l'un et de l'autre un émoi commun, une pensée commune. Ils se la communiquèrent par un simple échange de regards, auquel ils ajoutèrent une rapide pression de main, comme si cette mâle caresse de l'amitié leur semblait plus puissante qu'une tendre parole pour exprimer la joie qu'ils éprouvaient l'un et l'autre à se voir tous les deux en si parfait accord.

Ce fut alors qu'une servante apporta le déjeuner.

C'était, à vrai dire un assez frugal repas, improvisé à la fortune d'une maigre cuisine dont les fourneaux ne flambaient guère que le dimanche. Néanmoins le jeune homme se mit à manger sans façon, invitant sa compagne à l'imiter, ce qu'elle fit de bonne grâce, mordant bellement et à belles dents au pain bis, et buvant, sans trop faire la grimace, le petit vin de pays qui moussait dans son verre. Le commencement du déjeuner fut encore à demi silencieux. Cependant dans leur silence même, et jusque dans l'attitude réservée qu'ils conservaient en face l'un de l'autre, on sentait palpiter le désir égal qu'ils avaient de rompre ce silence, et leurs moindres gestes trahissaient cette préoccupation. Il y eut un moment où, le pied de la jeune femme ayant involontairement effleuré sous la table celui de son voisin, elle sentit la vibration soudaine que ce léger contact venait d'imprimer à tout son être, et, la seconde après, leurs mains s'étant rencontrées en prenant un fruit dans une assiette, ce fut elle à son tour qui tressaillit comme sous l'influence d'un choc électrique.

Tout à coup le jeune homme, désignant la table où ils se trouvaient assis, lui dit en souriant :

— Cette place m'est heureuse. Il y a environ un mois, j'ai fait ici même un dîner champêtre ravissant.

— En tête-à-tête? demanda sa compagne.

— Non, répondit-il simplement. J'étais avec plusieurs de mes amis. Nous étions là quatre ou cinq camarades, tous entrés à la même époque dans la carrière difficile où chacun de nous devait heureusement réussir, ayant suivi pendant longtemps le même chemin, liés par une commune solidarité d'espérances et de peines, si fraternellement unis qu'il est telle année où nous ne sommes pas restés une heure sans nous voir. Peu à peu la nécessité, les exigences d'intérêt, ce refroidissement progressif qui est pour ainsi dire une loi de physique morale à laquelle les affections de l'homme sont soumises, nous avaient éloignés les uns des autres. — Je prends par ici, et moi par là, avait-on dit le jour où l'égoïsme nous avait appris sa brève devise : Chacun de son côté. Pendant sept ou huit ans, nous avions donc vécu isolés les uns des autres. On se rencontrait bien quelquefois ; mais dans ces rencontres rapides, on n'échangeait guère qu'un serrement de main, quelques paroles à peine, encore moins à propos de soi qu'à propos des autres, et dans le métier que nous faisions tous alors, quand deux amis parlent d'un troisième, c'est bien souvent le duo de la médisance et de l'envie. Au reste, pas un mot du passé. On s'occupe bien d'hier, quand demain est à la porte avec le surlendemain sur les épaules ! On se quittait sur un bref adieu. — Bonjour, porte-toi bien, je suis pressé. — Et moi donc ! — Et les talons tournés, on n'était déjà plus que deux indifférents, ne pensant plus l'un à l'autre. Le dimanche en question, à la suite d'une solennité artistique qui nous avait tous réunis, nous vînmes dans cette campagne passer le reste de la journée, et, comme je vous le disais, c'est ici même, à cette table où nous voilà, que nous avons si bien dîné, tous unis et de bonne humeur comme au temps où nous dînions si mal.

Rien ne pousse à la franchise comme ces petits vins francs nés sur les coteaux modestes, ajouta le jeune homme en montrant son verre, resté à demi plein devant lui. La causerie devint bientôt entre nous plus animée, plus familière et plus franche ; aussi peu à peu tous les convives se trouvèrent-ils à un niveau de quiétude égale ; tous les visages respiraient la même cordialité indulgente, tous les esprits se trouvaient également disposés à l'oubli des petits incidents qui avaient pu refroidir notre amitié, et tous les cœurs, à l'unisson, murmuraient intérieurement le vieux refrain : *Bonheur de se revoir!* Ce fut alors qu'on vint à parler du passé, de ce passé dont nous étions déjà séparés par sept ou huit calendriers jaunis. Au premier appel, les souvenirs s'éveillèrent en foule. *T'en souviens-tu?* c'était le mot qui commençait toutes les phrases, la parole enchantée qui volait de bouche en bouche, faisant les fronts tour à tour souriants ou pensifs. Au milieu de l'enthousiasme ému qui nous avait gagnés, passaient et repassaient tous nos jours d'autrefois. — C'est moi, disait celui-ci, qui suis le gai dimanche des belles saisons, vert en avril, jaune en septembre. — C'est moi, disait l'autre, qui vous entraînais aux guinguettes, où se cambrent les tailles fines, où frétillent les pieds furtifs : vous souvient-il, ô Richelieu du petit bonnet ; ô don Juan des robes d'indienne ? — Et puis c'étaient nos jours d'épreuve, de patience et de courage, qui nous répétaient à celui-ci comme à celui-là : — Nous sommes le malheur sans haine et l'obscurité sans envie. — Nous sommes le pain gagné durement, la pauvreté gaie, insoucieuse et libre, le gros sou des petites bourses, dont votre industrie savait faire un lingot. — Nous sommes la paresse et la rêverie des nuits d'été. — Nous sommes le travail des nuits d'hiver autour de l'âtre mort. — Nous sommes les plus beaux feuillets de votre vie. — *Vous souvenez-vous ? — T'en souviens-tu ?* A ce rappel du passé se mêlaient le rire expansif, l'exclamation joyeuse, le malicieux propos à la pointe émoussée, et quelquefois aussi la note attendrie, certains mots dits de certaine façon, avec tel geste ou tel accent, qu'on hésite à dire, qu'on hésite à taire, et qu'on dit cependant ; de ces mots que les roués du paradoxe, chez qui l'esprit s'est changé en venin, ne peuvent pas entendre sans une larme discrète pleurée derrière une main qui fait semblant de gratter le front, — honnête petite larme qui lave tant de choses, mais qu'on n'ose pas laisser voir ! — Ah ! disait-on à chaque nouvelle apparition du passé, c'était le bon temps, celui-là ! On n'avait rien, mais on partageait tout ! Tous nos plaisirs d'aujourd'hui ne feraient pas la monnaie d'une de nos joies d'autrefois ! Toutes nos peines de ce temps-là n'égaleraient pas un des soucis d'aujourd'hui ! — Je recommencerais bien notre ancienne vie, disait l'un. — Pour un jour, reprenait l'autre. — Non, ce n'est pas assez ; pour un mois. Oh ! ce serait trop long ! répondait tout le monde. Puis tout à coup la causerie devenait triste. A ce banquet improvisé, toutes les places n'étaient point occupées, et ceux-là dont les noms nous vinrent sur les lèvres étaient partis pour l'absence éternelle. Alors, comme les soldats à la fin d'une bataille, on se mit à compter ses morts. Celui-ci avait été tué dans la pleine séve de ses vingt ans. Il avait brusquement quitté la vie, comme on s'en va d'un endroit où l'on est mal, sans plaintes pourtant, mais aussi sans regrets. Celui-là s'était réveillé un matin sur le lit des pauvres, entre les prières d'un ange de charité qu'il appelait « ma sœur » et un prêtre à cheveux blancs qui le nommait « mon fils, » en lui mettant Dieu sur les lèvres. Le troisième avait été frappé tout ruisselant des sueurs du travail et penché encore sur son œuvre inachevée. Comme on lui fermait les yeux, la Providence, que l'ingratitude des hommes a rendue insoucieuse et lente, accourait lui apporter ce qu'il avait si longtemps demandé, le pain du jour.

— Vous venez bien tard, avait dit le moribond, et, désignant ses amis assemblés à son chevet, il ajouta : — Partagez ma part à ceux qui restent.

— Pauvre ami! interrompit la jeune femme, vous aussi, vous avez bien souffert.

— Mes amis et moi nous fûmes durement éprouvés, il est vrai, mais nous avons traversé ce temps d'épreuve sans qu'une voix parmi nous s'élevât pour accuser la destinée : nous savions que le désespoir est un mal contagieux, et dans les plus pénibles traverses, si quelqu'un se laissait abattre, il cachait sa faiblesse pour qu'elle ne gagnât point les autres. La mort même, en frappant nos plus chers, n'avait pu arracher un *sauve qui peut* à ceux qui restaient, et quand notre douleur en deuil pouvait répéter comme les trappistes : « Frères, il faut mourir, » notre résignation active se remettait à la vie en répétant au contraire : Frères, il faut espérer. »

— Cependant, continua le jeune homme en reprenant son récit, le triste hommage que nous venions de rendre à ceux qui n'étaient plus ne fut, pour ainsi dire, qu'une courte parenthèse que l'on se hâta de fermer. Les fantômes fraternels évoqués un moment par nos souvenirs disparurent comme des ombres légères, et passant d'un extrême à l'autre, après avoir parlé des morts, on se mit à parler de l'amour. On se rappela les robes blanches et les robes roses, les cheveux noirs et les cheveux blonds : chacun prit plaisir à faire revivre dans sa pensée les figures tour à tour folâtres ou tendres des favorites fidèles ou volages qui jadis avaient peuplé le harem de sa jeunesse. — Ah! ma petite chambre, d'où je voyais les moulins de Montmartre et les yeux d'Eugénie, disait l'un; vous souvenez-vous d'Eugénie? — Et Pauline? et Clara? — Étions-nous fous ! étaient-elles folles ! Parmi tous ces noms de femmes, qui dans un temps éloigné avaient appris et peut-être désappris l'amour à la plupart d'entre nous, un des convives mêla tout à coup votre nom. — Et toi, Olivier, me demanda-t-il, as-tu revu Marie? — A cette question tous les regards se tournèrent alternativement vers moi et vers l'un de nos compagnons dont l'attitude embarrassée dénotait assez l'impression vive et pénible qui venait de s'éveiller en lui.

Je vous ai dit que tous mes anciens camarades se trouvaient réunis à ce dîner, reprit après un court silence le jeune homme qui portait le nom d'Olivier ; je n'ai pas besoin de vous dire comment s'appelait celui qui avait pâli, en même temps que moi, en entendant parler de celle que l'on nommait Marie.

— Oh! mon ami, interrompit la jeune femme en baissant les yeux, était-il bien utile de ne pas oublier ce détail ? et pourquoi jeter dans notre entrevue fugitive un souvenir qui me force à baisser les yeux devant vous et à retirer ma main de la vôtre, où elle était si bien ? ajouta Marie en essayant faiblement de dégager sa main de celle d'Olivier.

— Pardonnez-moi, reprit vivement celui-ci et ne voyez pas une indélicatesse dans une chose que je ne pouvais passer sous silence pour arriver à ce qui me reste à vous apprendre. Comme je vous le disais donc, notre groupe, jusqu'alors si joyeux, devint embarrassé, silencieux ; une même inquiétude se lisait sur tous les visages ; on sentait de part et d'autre qu'un anneau venait de se briser dans la chaîne ressoudée de notre amitié renaissante, car votre nom, tombé au milieu de notre causerie jusque-là si expansive et si cordiale, rappelait à la mémoire de tous les assistants la seule action mauvaise qui eût été commise par l'un de nous dans un temps où nous ne comprenions pas encore que la méchanceté pût être pardonnée, même à l'esprit... L'auteur de cette trahison...

— Oh! vous n'êtes pas généreux, Olivier, interrompit brusquement Marie, et cette persistance à parler de ce qu'il vous serait si facile de taire me punit cruellement d'avoir consenti à vous revoir.

— Encore une fois, Marie, ne donnez pas à mes paroles un sens qu'elles n'ont point. Dans cette trahison, je l'ai su depuis, vous fûtes moins la complice d'Urbain que sa victime. Jadis j'ai souffert, et bien souffert en effet; mais si j'ai pleuré comme un enfant, si j'ai voulu mourir, ce ne fut pas seulement parce que mon premier amour et ma première amitié avaient été trahis l'un et l'autre, et l'un par l'autre : c'était aussi parce que vous étiez perdue pour moi, et parce que mon ami ne me pardonnait point d'avoir eu quelque chose à lui pardonner.

Voyant l'état de gêne où sa malencontreuse question avait jeté tout le monde, celui qui me l'avait adressée tenta de faire oublier l'incident que votre nom avait rappelé dans toutes les mémoires. Comprenant sa pensée dès les premiers mots, tous les convives s'y associèrent; mais, si habile qu'elle fût, la transition avait été trop prompte. On parlait bien d'autres choses, mais chacun, tout bas, songeait à celle dont on avait voulu éviter de parler. Urbain et moi étions les seuls qui eussent gardé le silence. Lui se tenait debout contre cet arbre que voici et en taillait l'écorce avec son couteau pour se donner une attitude indifférente ; moi, j'étais assis à cette même place où vous êtes, n'écoutant pas ce qui se disait autour de moi, ma tête dans l'une de mes mains, et de l'autre faisant des efforts pour comprimer les battements de mon cœur, dont la première blessure venait de se rouvrir subitement. Mes amis, voyant l'isolement volontaire dans lequel nous étions l'un et l'autre, devinant à l'air de notre visage la pensée secrète qui nous faisait rechercher cette solitude, essayèrent de nous rallier à la conversation commune. L'un d'eux s'étant levé, fit le tour de la table, et, après avoir rempli tous les verres, proposa de boire à notre réunion de ce jour et à une prochaine. — A la mémoire du passé, au bonheur de l'avenir ! dit un des convives en donnant le signal du toast. — Au souvenir des bons jours et à l'oubli des mauvais ! ajouta un autre.

Ne pouvant nous dispenser de faire comme tout le monde, car tous les regards étaient fixés sur nous, Urbain et moi nous avions pris nos verres ; mais nous hésitions encore à les rapprocher, lui sans doute retenu par l'amour-propre, et moi par une franchise qui répugnait à témoigner publiquement un sentiment contre lequel je sentais protester une vieille rancune subitement revenue. Cependant Urbain se décida le premier, et, s'étant avancé de mon côté, il approcha son verre du mien. — A l'oubli! Olivier, murmura-t-il de façon à n'être presque entendu que de moi. — Au souvenir! lui répondis-je sur le même ton, en choquant faiblement mon verre contre le sien. — Et maintenant que les querelles sont noyées, reprit un de nos amis, buvons le coup de l'étrier, car il faut songer à partir.

On but une dernière fois et l'on se mit en route; mais, comme je vous l'ai dit, nous étions attardés, et, lorsque nous arrivâmes au chemin de fer, le dernier convoi venait de quitter la gare. Il fallait donc retourner à pied. On en prit gaiement son parti. Minuit sonnait comme nous entrions, par la porte de Ville-d'Avray, dans le parc de Saint-Cloud. C'était donc plus de deux lieues à faire; mais la nuit était magnifique et le chemin si beau!

— Vous le connaissez, Marie? interrompit Olivier en regardant la jeune femme, qui inclina la tête.

— Je n'entrai pas sans émotion dans ce beau parc, car ce n'était pas la première fois que je le traversais à cette heure tranquille. J'y avais été amené par vous il y a dix ans; plus tard, ce fut moi qui en amenai d'autres. Par les belles nuits d'été pareilles à celle qui nous éclairait alors, souvent je m'étais promené sous ces grandes allées bordées de futaies, et je n'étais pas seul, ô Marie! Ce fut d'abord avec une pauvre fille endormie maintenant dans la terre, où elle fut ensevelie un jour que je n'étais pas là. Elle s'appelait Lucile, et semblait vivre du bonheur qu'elle me donnait. Quand elle mourut, son souvenir alla rejoindre le vôtre, qui ne m'avait jamais quitté, et tous deux vécurent fraternellement dans mon âme. Plus tard encore, sous ces mêmes allées parcourues avec vous et avec Lucile, sur ces mêmes gazons foulés par vos pieds, je marchais encore du pas lent de l'amour qui rêve ou qui doute, tenant à mon bras ma Juliette pensive, dont la bouche disait toujours oui quand le cœur ne disait jamais rien, et qui regardait avec indifférence trembler dans les feuillages le doux clair de lune des rendez-vous de Roméo. Celle-là fut de toutes mes maîtresses celle à qui j'ai dit le plus souvent que je l'aimais, moins pour la persuader que pour me le faire croire à moi-même et revêtir du nom sacré de l'amour un sentiment qui n'était sans doute que la montrueuse alliance d'une habitude égoïste et d'un désir grossier.

— O mon ami, interrompit Marie en secouant la tête, pourquoi donc alors tremblez-vous en parlant de cette femme, et pourquoi vos regards, qui errent vaguement autour de vous, semblent-ils appeler son image? Vous l'avez amenée ici peut-être, il n'y a pas longtemps. A cette place où vous m'avez fait asseoir, elle était assise, plus près de vous que vous ne l'êtes de moi. Le temps était beau, l'air tiède, le ciel bleu. Ces feuilles, qui commencent à jaunir, étaient vertes alors; c'était peut-être un de ces beaux jours du printemps qui sont l'espérance de la belle saison, comme celui-ci en est le regret. Vous êtes venu sous ce berceau avec votre amie, n'est-ce pas? Ne dites pas non. Ces lieux ont l'air de vous connaître, de même qu'ils vous paraissent familiers. A cette branche, où vous avez en arrivant suspendu mon châle, vous avez ce jour-là suspendu le châle de votre maîtresse. Elle est venue ici, ne dites pas non. Tout à l'heure, en buvant, vos lèvres paraissaient chercher sur les bords du verre la place où elle avait mis les siennes. Parlez, Olivier, chaque parole que vous ne dites pas, retombe en larmes sur votre cœur. O mon ami, parlez sans crainte de me blesser, sans offenser votre amour, sans cruauté pour vous-même ou pour celle qui fut votre amie. Vous l'aimiez cette femme, et non pas seulement par habitude ou par désir, comme vous voulez inutilement vous le persuader, non pas seulement à telle heure ou à telle autre, mais à toute heure et toujours, tant que vous l'avez connue. Pour mille choses que j'ignore, mais que je devine, pour le son de sa voix, pour la couleur de ses cheveux, pour la vivacité ou la douceur de son regard, pour certains mots qu'elle savait dire comme d'autres femmes ne vous les auraient pas dits, elle vous fut chère, et bien chère. O mon ami, ne dites pas non, car vous l'avez aimée. Votre amertume est pleine de tendresse, et son nom, quand il y vient, vous laisse encore un miel sur les lèvres. Elle aussi vous aima, croyez-le bien, qu'elle s'en défende ou qu'elle l'avoue. Son cœur n'était pas muet, comme vous le disiez; mais c'est peut-être vous qui ne l'écoutiez pas lorsqu'il vous parlait. Elle vous a aimé, soyez-en sûr, moins que vous, cela se peut, ou autrement; elle vous a aimé, et peut-être même à cause du mal qu'elle vous faisait.

— Eh bien! soit, répondit Olivier, je l'ai aimée; mais ce ne fut pas de cet amour sain et salutaire qui fait le cœur content et l'esprit heureux, qui rend bons ceux qui sont mauvais et meilleurs ceux qui sont bons. Ce fut un de ces amours mal venus, qui devait mal finir ; commencé de sang-froid, au hasard, par coquetterie d'un côté, par désœuvrement de l'autre ; continué dans une lutte perpétuelle entre le mensonge et le soupçon ; dix fois rompu par fatigue, dix fois renoué pour échapper à la solitude : passion triste, misérable et inutile, qui use le cœur, qui le vide, qui le sèche, qui gâte le passé, qui corrompt l'avenir ; amour funeste, qui ne laisse que des débris, et parmi lesquels plus tard on rechercherait vainement un de ces doux souvenirs qui sont comme les fleurs des ruines...

Bien que cette femme, reprit Olivier, ait été la dernière avec laquelle je fusse venu dans ce pays, ce n'était point à elle que je songeais en traversant le parc de Saint-Cloud. Depuis l'instant où votre nom avait été prononcé dans le dîner, toutes mes pensées étaient frappées à votre effigie, et, comme en moi-même, autour de moi tout me parlait de vous. Mes amis marchaient devant, chantant en chœur une vieille ronde, qui jadis avait été pour nous une espèce de chant du travail. Je me tenais à quelque distance derrière eux, content que l'on ne songeât pas à me distraire d'un isolement peuplé de souvenirs qui portaient vos couleurs.

Tout à coup je me sentis frapper sur l'épaule, et, ayant levé la tête, je vis Urbain à mon côté. « J'ai à te parler, me dit-il en m'arrêtant. — Soit, répondis-je ; mais ne pouvons-nous causer en marchant ?
— Oui, fit Urbain ; cependant tenons-nous à distance, je ne veux pas qu'on nous entende. Tu m'en veux toujours, me dit-il, tu m'en veux encore, n'est-ce pas, Olivier ? Je l'ai bien vu tout à l'heure, quand cet imbécile a parlé de Marie.

— Pourquoi, répondis-je à Urbain, viens-tu à ton tour me rappeler ce nom ?

— Parce que ce nom nous rappelle à tous les deux un événement qui nous a rendus bien malheureux l'un et l'autre.

— A qui la faute ?

— A moi seul, à moi seul ! s'écria Urbain avec vivacité. Depuis cette époque, reprit-il, tant de jours se sont écoulés, tant d'événements aussi ! Nous avions l'un et l'autre, et chacun de son côté, tellement battu et rebattu la vie ! Je ne croyais pas que tu pusses songer encore à une chose que j'avais, pour mon compte, si complétement oubliée. Je me suis aperçu du contraire tout à l'heure, quand j'ai vu toute ta rancune te monter dans les yeux. C'est pourquoi j'ai voulu te parler. Écoute-moi donc : il faut que cette affaire-là soit vidée.

— Que peux-tu m'apprendre que je ne sache depuis longtemps ? Si tu pouvais te justifier, ne l'aurais-tu pas fait il y a dix ans ? Tout à l'heure, c'est vrai, une vieille blessure s'est rouverte dans mon cœur : c'était la première, et elle fut longue à guérir. J'avais devant les yeux celui qui me l'avait faite, et quelque chose en moi a pu tressaillir. Tu t'en es aperçu, je ne le nie pas ; mais à présent je n'y songe plus.

— Tu ne fais que cela depuis que nous sommes en route ; écoute-moi donc, reprit Urbain : non, tu n'as pas tout su il y a dix ans. Je ne veux pas me justifier aujourd'hui, je veux m'accuser au contraire : tout dire, quoi qu'il en puisse résulter de douloureux pour l'un et pour l'autre ; rouvrir cette blessure dont tu parlais tout à l'heure, ou peut-être aussi la fermer à jamais guérie, et, quand j'aurai tout dit, te tendre la main et attendre la tienne, voilà ce que je veux.

Ce préambule, comme vous le pensez bien, avait au plus haut point excité ma curiosité. — Parle donc vite, dis-je à Urbain. Il passa son bras sous le mien, et commença ainsi sa révélation.

II.

— Je ne sais pas si tu te souviens encore comment tu aimais Marie il y a dix ans ; mais, moi, je me le rappelle, et je ne pense pas que les amours qui lui ont succédé aient jamais approché de celui-là. Cette femme était devenue ta pensée unique ; parler d'elle à tous, partout et toujours, ton unique préoccupation. Ton esprit savait trouver des ruses inouïes pour qu'on t'offrît le prétexte d'ouvrir ton cœur. Dans les propos et les actes les plus indifférents de la vie, ta passion émanait de toi comme ces parfums qui s'échappent du vase qui les renferme. Ce bonheur dura dix-huit mois. A cette époque, l'existence déjà si dure pour nous se faisait pour toi pleine de caresses et te ménageait comme une mère tendre qui protége son enfant débile. Ah! dans ce temps-là, que de malheureux ton bonheur a dû faire, ô prodigue, qui, voyant ta part de félicité si grosse, la dépensais de si bon cœur, sans même avoir le chagrin de penser qu'elle était peut-être grossie de la part des autres! Quand arriva le jour du malheur, ce fut à moi que tu songeas. Entre tous tes amis qui pouvaient, aussi bien que moi, te rendre le service que réclamait la circonstance, ce fut moi que tu choisis, et, quoi que j'aie pu dire et faire pour te détourner de ton choix, tu t'obstinas à le maintenir. Si alors j'ai cédé à tes sollicitations, ce fut moins pour t'obliger que pour t'empêcher de mettre en doute mon dévouement. En consentant à recevoir Marie et à la cacher chez moi, je me soumettais à une rude épreuve, et la catastrophe qui devait terminer ta liaison avec elle n'était pas la seule que j'eusse prévue.

Le jour où elle passa pour la première fois le seuil de ma porte, j'étais plus ému et plus inquiet que toi-même en voyant s'asseoir à mon foyer cette femme dont tu me parlais depuis si longtemps. La nature de mon émotion et de mon inquiétude, je la reconnus bien vite. Rappelle-toi, Olivier, rappelle-toi qu'aussitôt après vous avoir installés dans ma chambre, je me retirai sur-le-champ, malgré vos instances communes pour me retenir près de vous. C'est qu'il me paraissait impossible que le trouble où j'étais pût vous échapper. Je fus tellement indigné de ce qui se passait alors en moi, que j'allai en toute hâte m'en confesser à deux ou trois de nos amis. Ils me répondirent que je me faisais injure à moi-même et firent tous leurs efforts pour me calmer. Quoi qu'ils eussent dit cependant, et malgré le mépris dont ma conscience me châtiait déjà, j'éprouvais une singulière douleur à songer que tu étais mon ami. Ah! l'affreuse nuit que j'ai passée, battant le pavé des rues blanches de neige, obsédé par un instinct de jalousie insensée qui me ramena deux ou trois fois sous les fenêtres de la chambre où je t'avais laissé avec ta maîtresse! — Qu'a-t-il donc fait pour être heureux? me disais-je en regardant briller la lumière qui sans doute éclairait votre veillée d'amour. Et cette monstrueuse parole de l'envie : Pourquoi lui plutôt que moi? était la pensée d'achoppement où mon esprit se heurtait sans cesse. A cette heure même où je me rappelle tout ce que j'ai souffert durant cette mortelle nuit, je ne songe pas à me justifier. L'envie est un vice hideux entre tous, et celui qui en est atteint doit être détesté et tenu à l'écart à l'égal d'un lépreux. C'est, de toutes les mauvaises passions, celle qu'on a le droit de condamner sans lui permettre de se défendre, et celui qui absout un envieux ou qui le plaint seulement fait descendre l'indulgence ou la pitié au rang du sacrilége. Et cependant, si honteux et si méprisable qu'il soit, ce vice porte sa punition avec lui-même, car il constate aux propres yeux de celui qui en est atteint l'infériorité de sa nature ; il le force, à part lui, aux aveux les plus humiliants ; il flagelle sa vanité, souille tous ses désirs, l'oblige à se mépriser, presque à se craindre, et lui inspire sa propre haine, encore plus violente peut-être que la haine qu'il a pour les autres.

Ah ! tout à l'heure, continua Urbain avec un accent plein d'amertume, autour de cette table que nous venons de quitter les uns et les autres, en choquant joyeusement vos verres, vous vous rappeliez le temps disparu, et vous disiez avec un regret commun : C'était le bon temps ! Cependant votre existence d'aujourd'hui n'est pas comparable à celle d'autrefois ; mais la mauvaise fortune, quand on ne la voit plus que de bien loin et derrière soi, c'est comme la maîtresse que l'on a quittée à cause de ses défauts et dont on ne se rappelle plus que les qualités dès qu'elle est absente. Seul parmi vous, convive taciturne, si tu l'as remarqué, j'ai gardé le silence. Que pouvais-je regretter en effet, moi qui suis venu au monde dans le berceau des orphelins, moi dont le vent des grandes routes a séché les premières larmes, quand je pendais chétif aux mamelles sans lait d'une femme inféconde qui ne m'avait adopté que pour faire de son nourrisson un titre de plus à la pitié des passants? Un peu plus tard, dans l'âge de l'ignorance et de l'insouciance, ma destinée toujours marâtre apprenait à mon enfance toujours errante combien il fallait de gouttes de sueur pour se pétrir une bouchée de pain. Parvenu à l'adolescence, j'avais du moins, si l'on m'interrogeait sur ma famille, le triste et légitime orgueil de pouvoir répondre en montrant mes deux mains : Voici mon père et voici ma mère. Cependant, au milieu de l'abandon et de la misère auxquels je paraissais voué nativement, je n'avais jamais laissé passer un jour sans remercier Dieu de m'avoir mis sur la terre. Jamais de ma bouche n'était sortie une parole qui eût le son d'une plainte, jamais le bonheur d'autrui n'avait offensé mes yeux; le spectacle de la joie des autres étant pour moi la preuve visible que le bonheur existait réellement ici-bas, je m'en faisais au contraire une consolation et un encouragement. Chrétien comme les primitifs auditeurs de l'Évangile, j'espérais et j'attendais la part de joie qui m'était due et promise, et je ne supposais pas que la résignation humaine, épuisée par de trop longs délais, fût jamais en droit de protester la promesse divine. A l'époque où j'atteignis l'âge viril, aucun des sentiments élevés, aucune des vertus qui font de l'homme une créature supérieure ne me faisait défaut. Toutes mes aspirations avaient les ailes de l'enthousiasme et tendaient vers un pôle unique, qui était l'amour du bien et la recherche du beau. J'avais été porté vers l'art par la rêverie, qui est la compagne des solitaires, et je m'étais fait artiste parce qu'en voyant les œuvres du génie, l'art m'avait paru une puissance donnée à l'homme pour glorifier dans des œuvres durables les grands spectacles que lui offrent la nature, les belles actions auxquelles il assiste, et les nobles passions qu'il éprouve. A dix-huit ans, la corruption de l'esprit moderne avait laissé toutes mes croyances immaculées. Je niais le mal avec l'assurance d'un stoïcien qui nie la douleur, et jamais cœur plus riche d'illusions ne s'offrit en holocauste à l'expérience. Telle avait été ma vie quand je vous ai connus, toi et nos autres amis. Ah! ce jour où nos pas devaient se rencontrer dans le même chemin, c'est peut-être de toute ma vie le seul vers lequel je puisse remonter sans que ma pensée en revienne plus triste. On l'a démolie, cette pauvre baraque ouverte aux vents où nous avons rompu le pain du premier repas fraternel, où nous avons bu le vin fraudé qui tache en bleu. Le jour où l'on a jeté bas cette maison hospitalière, je passais devant par hasard, et, comme j'y passais, un ouvrier armé d'une pioche s'apprêtait à desceller le banc de pierre sur lequel nous étions restés assis pendant toute la soirée qui avait suivi notre première rencontre. Le temps était le même que ce jour-là. Dans un ciel pareil, des nuages d'une même forme couraient à l'horizon, au fond duquel le paysage, éclairé pareillement, reproduisait le même effet de lignes et de lumière qu'ensemble nous avions remarqué. Je me suis senti défaillir en voyant menacée de ruine cette pauvre pierre restée dans mes souvenirs sacrée comme un autel. J'ai abordé l'ouvrier et je lui ai offert de l'argent, s'il voulait me laisser asseoir sur ce banc pendant quelques instants et m'y laisser seul. Il me regarda d'un air ahuri, me crut fou, prit mon argent et s'en fut avec ses compagnons le boire au cabaret voisin, où je les entendis rire de mon aventure.

Pendant qu'ils riaient, j'étais assis sur le banc.

Au bout d'une demi-heure, quand je me levai pour partir, j'avais le visage humide. Ah! ces larmes que j'ai versées, c'étaient les dernières qui filtraient d'une source tarie, hélas! à jamais, j'en suis sûr, car j'en ai ri depuis, et il n'y a pas longtemps. A dater du jour où nous nous sommes sentis, sur une grande route et sans nous connaître, attirés l'un vers l'autre, nous ne nous sommes guère quittés pendant trois ans. Il nous sembla que nos idées étaient comme des sœurs isolées qui se cherchaient depuis longtemps. Pour moi, qui n'avais jamais eu avec personne aucune intimité, c'était la première fois de ma vie que je causais : jusque-là j'avais parlé, échangeant des mots auxquels on en répondait d'autres; avec toi du moins, j'échangeai des pensées. L'amitié que j'avais pour toi n'était pas seulement un lien formé par l'habitude, une affection basée sur une conformité des goûts; pour moi, orphelin, c'était un sentiment qui me révélait l'amour de la famille, et le même sang eût coulé dans nos veines que tu n'aurais pas été plus mon frère. Tes amis ne tardèrent pas à devenir les miens, mais tu restas le préféré de mes sympathies. Que de longues promenades faites ensemble à travers champs! que de douces causeries le soir dans l'atelier, où les vœux de tous se groupaient si fraternellement autour du désir de chacun! Naïfs Argonautes, comme nous étions bien du même accord à tourner vers le même but la proue de nos navires, et comme il soufflait doux dans leurs mâts pavoisés, le vent de l'espérance! Ah! que de fois l'aurore nous a-t-elle ainsi surpris dans l'attitude des rêveurs heureux, ivres de leurs rêves, un pied dans les cendres et l'autre dans l'avenir! Cependant, au milieu de vous, que devint la vie pour moi? Rappelle-toi, Olivier, quelle fut mon existence en ce temps-là. Sur moi, chétif, inconnu, misérable, la fatalité semblait s'acharner, comme si j'eusse été un colosse; humble roseau, elle me faisait les honneurs de la tempête. Mes espérances les plus modestes rencontraient des montagnes d'obstacles : sur les routes les plus unies, pour me faire trébucher, le grain de sable devenait caillou. J'avais beau me débattre, relever mon courage défaillant et le ranimer à la lutte : c'étaient autant d'efforts inutiles qui me laissaient plus fatigué ; la vie était pour moi comme une de ces échelles enchantées des féeries, dont les échelons s'abaissent au niveau du sol au fur et à mesure qu'on les franchit : je me retrouvais toujours au même point. Si j'avais des amis, des cœurs qui pour le mien s'ouvraient à toute heure, des mains loyales toujours tendues aux miennes, des dévouements qui eussent répondu pour moi par la parole aussi bien que par l'action, cette amitié même, tu le sais, Olivier, peu à peu elle devint pénible pour moi; toutes les fois que l'un de vous essayait de paralyser ma mauvaise chance, en se mettant entre elle et moi, son bon vouloir demeurait stérile. Ainsi que mes actions, mes paroles prenaient un sens opposé à celui que voulait leur donner ma pensée. Si, dans une conversation, je me trouvais hasarder une remarque qui différât de l'avis commun, il existait, sans que je le connusse, un motif qui faisait supposer une intention malveillante dans une réflexion faite naïvement et sans arrière-pensée. Si, au contraire, je me livrais, avec l'exaltation habituelle de mon caractère, à la louange de quelqu'un ou de quelque chose, une raison également inconnue incriminait ma louange en lui donnant une couleur de servilité ou d'intérêt. Partout et toujours les circonstances les plus ordinaires, les plus insignifiantes en apparence, formaient comme un inextricable lacis dans les mailles duquel ma volonté trébuchait incessamment. Enfin, sur le pont d'un vaisseau, par un jour de tempête, j'eusse infailliblement été de ceux que la superstition des matelots effrayés accuse d'attirer le sort malin, et qu'ils précipitent dans la mer pour apaiser l'orage.

Toi, qui m'as connu alors, tu sais que ce n'étaient point là des chimères comme il en peut naître d'un esprit chagrin. L'hypocondrie est la maladie des natures défiantes, c'est une espèce de levain originel qui dispose certains hommes à une hostilité préventive, et les pousse à se croire redoutés parce qu'ils se sentent redoutables. Mais moi qui n'en voulais pas à la vie, pourquoi étais-je mis violemment hors la loi humaine? De quel crime inconnu, commis par ma race, étais-je appelé à subir le châtiment? Ce fut dans la dernière année de notre intimité que commencèrent à se développer en moi les symptômes d'une tristesse sauvage pleine d'irritations, de troubles et d'angoisses. Mon caractère égal, habitué dès ma naissance à se soumettre aux ironies de ma destinée, comme un esclave qui obéit machinalement aux caprices de son despote, devenait de jour en jour rétif et hargneux. Les plus mesquines contrariétés faisaient éclater mes plaintes. Moi, dont l'esprit conciliant me faisait quelquefois accuser de faiblesse, j'étais devenu enclin à la contradiction. Dans les discussions les plus pacifiques sur des sujets qui m'étaient indifférents, j'avais des répliques hostiles. J'avançais volontairement les arguments les plus absurdes, les propositions les plus choquantes, et je les défendais avec une passion âpre, une témérité offensive. Je trouvais une satisfaction coupable à éveiller ces demi-querelles dont la conclusion laisse toujours l'amour-propre froissé, sinon blessé, par quelque épigramme démouchetée, et quelque chose en moi tressaillait d'aise quand j'avais trouvé le défaut de la cuirasse chez l'un de mes contradicteurs. Le soir, quand j'étais rentré chez moi, je me livrais de préférence à la lecture des écrivains dont les œuvres étaient de nature à endolorir mes plaies intérieures. Inhabile à formuler ma plainte, j'aimais à emplir ma bouche avec les imprécations trouvées toutes faites dans les livres où le génie souffrant a déposé son fiel. Que de fois, comme Manfred, penché sur l'abîme, j'ai écouté avec une joie sauvage retentir dans l'âme de Byron les lamentations du désespoir moderne ! J'inoculais ainsi à mes doutes naissants les poisons des sarcasmes les plus navrés qui soient échappés à l'incrédulité et à l'orgueil des hommes; je peuplais ma mémoire d'axiomes empruntés aux philosophies et aux pamphlets les plus audacieux du scepticisme, et, nain ridicule, j'en

armais ma fronde anonyme pour lapider les idoles
qui repoussaient mon adoration. Elle devait porter ses fruits, cette éducation du mal, et le terrain
était préparé pour que le grain de la mauvaise parole y germât promptement.

Le changement qui s'était opéré en moi ne tarda
pas à être remarqué de mes camarades. Ils me
gourmandèrent doucement d'abord ; mais moi,
jusque-là si accessible aux conseils, je repoussai
les leurs. Quand l'un d'eux me réprimandait, bien
que ce fût avec toutes sortes de réserves discrètes,
je me sentais humilié de son blâme par la raison
même que je savais le mériter. Mes amis me laissèrent dès lors, et cependant ne me firent pas plus
mauvais accueil ; mais je devinai bien que leur
amitié pour moi s'était refroidie. Il en résulta que
je recherchai plus souvent la solitude. J'avais tort :
la solitude est la mauvaise conseillère de ceux qui
souffrent ou qui pensent souffrir ; elle envenima
mon mal ; je m'enivrais de mon amertume ; je
bondissais dans ma chambre comme un prisonnier dans son cachot ; des bouffées de haine me
montaient au cerveau, et il y avait des instants où
je souhaitais la puissance de nuire.

Un dimanche d'été, un de ces gais dimanches
parisiens qui emplissent les rues d'une animation

joyeuse, j'étais seul accoudé à ma fenêtre, regardant les passants aller au plaisir. Cette vue vint encore rembrunir l'ennui dans lequel j'étais plongé. Tout à coup j'entendis sur mon carré un éclat de rire enfantin : c'était une petite fille du voisinage qui s'amusait avec un lapin en plâtre dont un poids intérieur faisait incessamment osciller la tête. L'innocente joie de cette enfant m'agaça. — Qui t'a donné cela ? lui demandai-je en m'emparant de son jouet qu'elle me laissa prendre non sans inquiétude. — C'est maman, Monsieur, parce que j'ai été bien sage, me répondit-elle. — Et où est ta maman ? — Elle est sortie et m'a donné un lapin pour m'amuser en l'attendant. Elle était charmante, cette petite fille. Greuze eût aimé la suspendre au jupon rayé d'une bonne mère villageoise dans un tableau domestique. En la regardant, je me rappelai mon enfance sevrée de jeux, et une idée affreuse traversa mon esprit. Comme l'enfant tendait ses petites mains pour ressaisir son jouet, je le laissai brusquement tomber sur le carreau. Le lapin de plâtre se brisa en éclats. La petite fille ne poussa pas un cri et ne fit pas un geste, seulement ses bras s'abattirent le long de son corps et s'y collèrent comme pétrifiés.

Jamais l'affliction ne se révéla plus silencieusement sur une figure vivante. Elle resta pendant quelques secondes immobile, morne, la tête penchée, les yeux fixes, mais cependant secs. Chose épouvantable à dire, un instant j'ai tremblé qu'elle ne pleurât point : c'était son premier chagrin peut-être, et les larmes ne savaient pas encore le chemin pour arriver à ses yeux. Elles arrivèrent brusquement, et bientôt son visage en fut couvert. En les voyant couler, je me fis horreur à moi-même. L'assassin qui attend sa victime, la nuit, au coin d'une rue, ne me paraissait pas plus criminel que moi, qui m'étais fait volontairement le bourreau de cette joie enfantine. J'aurais voulu payer chacune de ces larmes d'une goutte de mon sang. Je pris la petite fille dans mes bras, je l'embrassai cent fois, je lui prodiguai toutes les caresses imaginables, en lui disant tout ce qu'on peut dire pour consoler; mais elle sanglotait plus fort, et entrecoupait ses sanglots en répétant : Oh! mon Dieu! oh! mon Dieu! Plainte ou action de grâce, cet appel, qui est au bout de toute espérance et de toute misère humaine, me faisait frémir dans la bouche de cette enfant. L'accent avec lequel ce mot s'échappait de sa désolation étonnée semblait exprimer un reproche : — Ah! mon Dieu! voulait-elle dire peut-être dans son petit raisonnement, pourquoi me retirez-vous ma joie, puisque je l'avais méritée par mon obéissance, et que me dira ma mère en voyant brisé le joujou qu'elle m'avait donné pour me récompenser ? Elle me battra ou punira, bien sûr. Ah ! mon Dieu ! vous n'êtes pas juste.

Misérable que j'étais ! dans le cœur d'un enfant qui matin et soir joignait ses mains pieuses pour sa prière innocente, j'avais fait naître le sentiment du juste et de l'injuste ! Un premier doute avait terni la blancheur de son âme ; pendant une minute, son ange gardien avait baissé la tête, et Satan s'était réjoui. Craignant que ses cris n'attirassent les voisins, je l'entraînai dans ma chambre.

— Pauvre enfant ! lui dis-je, pardonne-moi, je suis un malheureux qui souffre et qui ai voulu voir souffrir. Ton âge et ta faiblesse ne m'ont point arrêté dans ma lâche action. Ton plaisir bruyant troublait mon ennui solitaire ; j'ai voulu noyer ta gaieté dans tes larmes, et je me suis abattu sur toi, comme la bête de proie qui fond sur le petit oiseau.

La petite ne me comprenait guère sans doute, mais elle ouvrait de grands yeux étonnés en m'écoutant, et regardait avec tristesse les débris de son lapin, qu'elle avait ramassés dans son tablier.

— Tu es fâchée après moi? lui demandai-je.

— Non, Monsieur, me répondit-elle.

— Tu l'aimais bien, ton joujou?

— Ah! oui, Monsieur, je n'en avais pas d'autres.

— Eh bien! avec quoi t'amuseras-tu à présent?

— Je ne m'amuserai plus. Et maman, qu'est-ce qu'elle va dire? ajouta-t-elle avec une inquiétude qui fit de nouveau couler ses larmes.

— Rassure-toi et ne pleure plus, tu ne seras pas grondée et tu ne seras plus triste. Attends-moi un moment en regardant ces images, lui dis-je en ouvrant ma porte; je reviens tout de suite.

Elle me laissa sortir sans me rien dire. J'allai chez un marchand de jouets du voisinage, où je vidai ma bourse, ce qui ne fut pas long. Quand je remontai chez moi, l'enfant fit un bond en me voyant rentrer avec une poupée et un ménage que j'étalai devant ses yeux ravis : c'était plus qu'elle eût jamais osé désirer. — Ah! mon Dieu! ce fut encore le cri qui sortit le premier de sa bouche.

— Je ne dînerai pas aujourd'hui, mais tu joueras, cher ange, lui dis-je en l'embrassant. Elle resta un moment toute rêveuse, comme si elle cherchait les mots pour me remercier; mais, ne trouvant rien à dire, elle sauta sur mes genoux et m'embrassa de toutes ses forces, en m'appelant son ami. — Et maintenant, lui dis-je, il ne faut plus avoir peur de moi, et, quand tu seras bien contente, viens rire à ma porte.

Pendant une semaine, elle me tint fidèlement parole, et me venait voir deux ou trois fois chaque jour. Je me sentais redevenir meilleur au contact de cette innocence; mais un matin la petite entra chez moi tristement pour me dire adieu : c'était l'époque du terme, et ses parents quittaient la maison. Où allaient-ils? Je crus comprendre, dans ses discours, que c'était hors Paris. Comme elle me parlait en fouillant sur ma table, je remarquai qu'elle regardait, avec encore plus d'envie que de coutume, un objet qui déjà avait paru éveiller son désir : c'était un scapulaire, comme les religieuses en portaient jadis. Il m'avait, dans mon enfance, été donné par un vieux prêtre, et contenait une parcelle des os du saint, mon patron. — Puisque nous allons nous quitter, dis-je à la petite, je vais te laisser cela, pour que tu te souviennes de moi; mais ce n'est pas un joujou, entends-tu bien? c'est une relique qui porte bonheur à celui qui la possède; on le dit du moins. Quand tu prieras Dieu, tu la prendras dans tes mains et tu le prieras pour celui qui te l'aura donnée : il en a besoin.

Elle secoua gravement la tête en signe d'assentiment et de promesse, et coula le scapulaire dans sa poitrine.

— Et toi, lui demandai-je en souriant, ne me donneras-tu pas aussi quelque chose pour que je puisse me souvenir de toi?

Elle ne sembla point surprise de ma demande ; mais, après avoir paru réfléchir, elle me quitta brusquement en me faisant signe qu'elle allait revenir. Elle revint en effet, un moment après, tenant quelque chose caché sous son tablier. — Voulez-vous cela? me dit-elle en mettant dans ma main une petite couronne en feuilles de papier argenté ; c'est la couronne du prix que l'on m'a donné à mon école. Je vous aurais bien apporté le livre aussi, mais maman l'a serré pour me le donner à lire quand je serai grande.

Et, tout en parlant ainsi, elle me forçait par amusement à poser sur ma tête sa petite couronne. Quand je l'embrassai pour la dernière fois, un pressentiment sinistre me dit que je ne la reverrais plus ; l'enfant, de son côté, paraissait plus soucieuse de cette séparation qu'on ne l'est ordinairement à son âge. Il y eut même une certaine gravité enfantine dans sa manière de me dire adieu : on eût dit qu'elle comprenait tout ce qu'il y avait de hasardeux dans cette parole toujours triste. »

Mes pressentiments ne s'étaient point trompés. Six mois après, dans la cour des Messageries, je rencontrai sa mère. Elle me reconnut, et ma vue parut l'émouvoir. — Et ma petite amie? lui demandai-je.

— Ah! Monsieur, me répondit-elle, nous l'avons perdue, voilà bien peu de temps. Durant sa maladie, elle a souvent parlé de vous, et, avant de mourir, elle a demandé à jouer encore une fois avec la poupée que vous lui aviez donnée un jour.

— Qui sait, me demandai-je alors avec amertume, qui sait ce que serait devenu mon souvenir dans le cœur de cette pauvre enfant, qui devait être une femme? Elle m'eût aimé peut-être, et c'est pourquoi Dieu me l'a prise.

Le soir, quand je fus rentré chez moi, j'enveloppai d'un morceau de crêpe la couronne en papier d'argent, et, si triste qu'il m'apparût sous ce voile de deuil, parmi tous les souvenirs de ma vie, celui-là du moins est resté longtemps comme le plus chaste et le plus doux. Cet événement ayant redoublé ma misanthropie, je commençai à me livrer à la paresse et à la débauche. Je passais des soirées tout entières au fond des obscurs cabarets du voisinage, seul avec mon souci, accoudé devant un pot de faïence, plein jusqu'au bord d'un breuvage terrible. Les pauvres gens qui m'entouraient et venaient, comme moi sans doute, demander l'oubli de leurs maux à ces poisons que le bas prix met à la portée de l'indigence, je les ai vus sortir encore plus désolés qu'à leur entrée, et murmurant tout bas les paroles qui sont le mot d'ordre de la haine. Ainsi que les monstres nés d'une conjuration magique, plus d'une action impie, dont le récit épouvante et que la raison ne peut expliquer, est sortie d'un de ces verres grossiers où l'ivresse verse un abrutissement farouche.

Au milieu de cette existence où chaque jour amenait en moi une dégradation nouvelle, le sentiment de l'art s'était profondément altéré. Le sens créateur, peu à peu engourdi dans l'oisiveté, avait été remplacé par le sens critique. Devant une œuvre qui excitait l'admiration, la première chose que j'aperçusse était son défaut. L'enthousiasme aussi s'éteignait : j'accablais de mes railleries ceux qui possédaient encore cette belle vertu, qui peut quelquefois vous rendre la dupe de vous-même, mais qui du moins ne dupe jamais les autres. Ce fut à peu près vers cette époque que mes relations devinrent plus rares avec les amis qui composaient notre petite société. Tu restas le seul avec qui je conservai quelque intimité; mais cependant, toi qui me disais tout, il y avait déjà bien des choses que je ne te disais plus. Comment aurais-je osé te dire, par exemple, que les confidences que tu me faisais de ton bonheur avaient fini par me le faire désirer, et que, sans m'en être aperçu d'abord, il arriva un moment où mon cœur avait pris l'empreinte de ton amour? Toi, tu ne t'apercevais de rien, ni du mouvement jaloux que je m'efforçais de réprimer quand tu me faisais le récit d'une entrevue plus tendre avec ta maîtresse, ni de ma joie mal dissimulée quand tu m'apprenais une brouille passagère entre vous, un rendez-vous manqué, une lettre restée sans réponse, ou n'importe lequel de ces incidents puérils qui alimentent la tendresse en l'irritant. Tu ne voyais rien, tu ne comprenais rien. Chacune de tes confidences était comme un clou que tu m'enfonçais dans le cœur pour y accrocher le portrait de ta maîtresse, et aucun pressentiment ne troublait ta confiance. Tu me disais naïvement : — Ah! si tu connaissais Marie, tu l'aimerais aussi! Si tu savais comme elle est belle, comme elle est bonne, comme nous nous aimons! et que c'est une belle chose que deux êtres unis comme nous le sommes! — En me parlant ainsi, tu prenais mes mains dans tes mains, chaudes encore de la pression des siennes, et tu m'inoculais pour ainsi dire cette fièvre de plaisir dont tu frémissais encore après avoir quitté Marie, comme une cloche qui vibre après qu'elle a sonné; tu secouais dans l'humidité de ma chambre malsaine les parfums du mouchoir que tu lui avais dérobé, et, si je demeurais silencieux témoin de tes transports, tu accusais mon silence, et, comme un écho complaisant, tu m'obligeais à répercuter ta joie. O puissance de l'égoïsme ! pendant que ton enthousiasme faisait ainsi la roue devant ma tristesse, n'as-tu donc jamais songé que c'était peut-être chose cruelle, après tout, de parler si haut et toujours de ton bonheur et de ton amour dans cette mansarde sombre et au pied de ce lit solitaire? Que de fois me suis-je demandé à moi-même, en songeant à toi : Est-il niais ou méchant? n'y a-t-il pas dans l'amitié qu'il me témoigne un peu d'ostentation et du désir d'être envié? Le riche le plus charitable est-il vraiment celui qui, sortant la nuit d'un bal éblouissant, jette fastueusement sa bourse aux affamés qui battent la semelle sur un sol gelé? N'a-t-il pas plus de pitié, le puissant qui, faisant l'aumône en secret, dérobe, en sortant de la fête, son opulent habit sous un humble manteau, afin que sa magnificence n'offense point les yeux de la pauvreté? — Malgré moi, je te comparais à ce premier riche, et plus d'une fois j'ai puisé dans cette méchante pensée une aigreur dont tu cherchais vainement la cause.

Que te dirai-je de plus à présent que tu n'aies déjà deviné sans doute? J'aimai Marie. Ce fut une passion singulière et fantasque, plus vaine que l'ombre d'une fumée, mais enfin c'était une passion, et pour qui n'a rien, peu devient tout. Tu m'avais souvent fait le portrait de ta maîtresse; chose étrange, il ne ressemblait aucunement à celui que je m'en faisais moi-même. Un jour, j'allai vous épier dans un lieu où vous vous étiez donné rendez-vous. Je ne pus voir Marie que de loin et pendant un seul moment; mais cet examen, si rapide qu'il fût, avait donné raison à l'image que je m'étais créée de cette femme, devenue si promptement le pôle de toutes mes pensées. Ah! désormais je ne vécus plus seul absolument, car j'avais une figure à faire passer dans mes rêves, non point une chimère née de mon imagination, mais un corps vivant dans lequel battait un cœur que j'entendais, hélas! battre dans le cœur d'un autre. Depuis le jour où j'avais vu Marie, il ne s'en passait point un seul où je ne l'évoquasse dans ma

solitude. Comme je l'asseyais avec complaisance sur ma meilleure chaise ! comme je lui demandais doucement pardon de la recevoir en aussi triste lieu ! combien j'étais heureux alors de m'étendre à ses pieds dans une attitude d'adoration, prenant dans la mienne sa main qu'elle me laissait prendre, la faisant docile à toutes mes fantaisies ! Ah ! folies belles, folies innocentes ! Soudain le bruit d'un pas qui sonnait dans l'escalier, faisait disparaître l'apparition adorée, c'était toi qui montais.
— Je viens de quitter Marie, me disais-tu en entrant ; et moi aussi tu venais de me la faire quitter. Tu me répétais comme de coutume ce qu'elle t'avait dit ce jour-là, et moi je ne pouvais répéter ce que je lui avais fait me dire.

Alors je commençai à comprendre cet impérieux besoin que les amants ont de parler de leur amour, moi, que le mien étouffait. J'allais dans les champs, où je passais des journées entières. Je marchais sans direction arrêtée, de ce pas rapide des insensés heureux, prenant la création pour confidente de ma joie, jetant le nom chéri au vent qui passait et le chargeant d'être le courrier qui redît mes aveux à celle qui portait ce nom. Il y a dans le bois beaucoup d'arbres qui savent tous mes secrets de ce temps, et le pied des passants a foulé bien des brins d'herbe qui furent jadis mes amis. Un jour, j'étais même parvenu à force de ruse à te faire emporter, pour le remettre à Marie comme venant de ma part, un bouquet que j'avais cueilli dans l'une des promenades faites en compagnie de son fantôme. Cette folie dura quatre ou cinq mois, et j'y trouvais une douceur réelle, un charme bienveillant qui pacifiait les révoltes de mon caractère.

Un matin, je te vis entrer chez moi la figure bouleversée. Marie, ayant laissé surprendre une de tes lettres par son mari, s'était, sur ton avis, dans la crainte des mauvais traitements, laissé entraîner à fuir la maison conjugale. — Marie court un danger; je l'enlève, me dis-tu, et j'ai besoin de ta chambre pour la cacher. — Que dire? que faire? Ce que j'ai dit et ce que j'ai fait : me retirer et vous laisser seuls.

Et maintenant, Olivier, imagine ce que j'ai dû souffrir en réalité durant la nuit que j'ai passée sous ta fenêtre, moi aimant déjà ta maîtresse que tu amenais chez moi, et jaloux de toi qui venais te réfugier avec elle sous la clef de mon hospitalité. Ah! si mon rôle devint horrible dans cette affaire, il avait commencé par être bien douloureux du moins. Jusqu'alors je n'avais été que malheureux et fou. Comment je devins coupable et jusqu'à quel point je le fus, c'est ce qu'il me reste à te dire. T'ayant cédé ma chambre, j'avais été obligé de prendre un logement dans un hôtel. Je m'y installai sur-le-champ, bien décidé à ne pas remettre les pieds chez moi tant que Marie y serait encore. Le lendemain de son arrivée, qui frappe à ma porte? C'était toi! Que me voulais-tu?. Rappelle-toi, Olivier, ce que tu vins me demander. Ne pouvant rester auprès de Marie pendant toute la journée à cause des occupations qui te retenaient dans la maison de ton père, tu venais me prier d'aller tenir compagnie à ta maîtresse durant les heures où tu serais absent. Forcée par la prudence à demeurer cachée, tu craignais qu'elle ne trouvât l'ennui dans l'isolement, et tu avais songé à moi pour la distraire. Ah! quand tu me fis cette étrange proposition, mon secret a failli m'échapper; un instant il est monté à mes lèvres. A quoi a tenu le silence que j'ai gardé cependant? A quelques mots que tu m'as dits à propos de la mission que tu venais me confier : ce n'était sans doute qu'une plaisanterie innocente, comme il est permis d'en faire entre amis. Je suis sûr qu'elle n'avait dans ta pensée aucune intention ironique; mais, dans la diposition hostile où mon esprit se trouvait alors, je m'efforçai à y démêler un sens confus, une allusion. Il me parut que tu avais deviné le secret que j'aurais voulu taire à moi-même, et que tu te faisais un jeu de la situation où je me trouvais, par ton fait, placé vis-à-vis de toi. Je m'imaginai n'être à tes yeux qu'un objet d'étude, qu'une machine à expérience : instruit de ma passion pour Marie, tu la mettais aux prises avec mon amitié pour toi, et, dans l'attitude d'un joueur qui attend le résultat d'un pari, tu me paraissais attendre le résultat de cette lutte. Il y eut presque de la joie dans la douleur que j'éprouvai en accueillant cette pensée, car elle me venait justifier l'instinct de haine qui depuis quelque temps déjà me faisait hésiter à te serrer la main. A compter de ce moment, je ne te considérai plus que comme un rival. Persuadé que tu avais connu mon amour pour Marie avant de l'amener chez moi, mon amour-propre s'irrita du singulier personnage que le tien voulait me faire jouer. J'allai même jusqu'à supposer que c'était chose convenue entre vous deux, et que Marie, instruite par toi de mes sentiments pour elle, avait accepté un rôle dans cette odieuse comédie. Ce fut sous le coup de ces impressions que j'acceptai la clef de cette chambre, où j'avais juré de ne point rentrer tant qu'elle serait habitée.

Tu peux imaginer à quel monologue je me livrais intérieurement. Insensé! me disais-je, on a fait sonner à ton oreille les mots d'amitié et de dévouement, et tu t'es laissé prendre, comme un niais, aux manœuvres d'une hypocrisie doucereuse. Tu te faisais un remords d'aimer une femme aimée par ton ami, tu t'accusais de ton amour comme d'un crime, tu t'efforçais de l'étouffer dans ton cœur, dût ton cœur se briser; mais, si discrète que fût ta passion, on l'a devinée, et, au lieu de la ménager, voici qu'on l'excite, voici qu'on essaie de l'alimenter, on veut en faire une distraction. Quand le Seigneur lui-même, craignant peut-être de faiblir, a répondu au diable, qui lui offrait la puissance de la terre : Vous ne tenterez pas votre Dieu, — un homme qui se dit l'ami d'un autre expose celui-ci à la tentation; il soumet volontairement le sentiment le plus fragile de l'humanité au choc de la passion la plus formidable que l'on y connaisse. Et pourquoi? Uniquement pour satisfaire son amour-propre. Par quel autre motif pouvais-je expliquer en effet l'épreuve que j'allais subir en me rapprochant de la femme que nous aimions tous les deux, et que je me mis alors à aimer avec une fureur augmentée de toute la haine que m'inspirait son amour pour toi?

Cette épreuve, si douloureuse pour moi néanmoins, de quelque façon qu'elle dût se résoudre, ne devais-tu pas y trouver un motif de te glorifier toi-même ? Si j'avais dit à ta maîtresse un seul mot d'un amour que son intimité ne pouvait qu'accroître, elle m'eût repoussé sans doute avec indignation ; mais toi, moins indigné qu'elle-même, tu m'aurais pardonné mon aveu à cause du dédain avec lequel il aurait été accueilli. Si, au contraire, je devais continuer à souffrir en silence, ton orgueil eût encore trouvé son compte dans une rivalité muette, et cet amour, qui était la source de tes joies, te serait devenu plus cher quant tu te serais bien convaincu qu'il était la source de mes larmes.

Dans la première visite que je fis à Marie, je dus cependant renoncer à l'idée qu'elle était ta complice : elle me remercia avec effusion de mon hospitalité, et, dès les premiers mots, pour rompre tout embarras, elle s'efforça de me mettre avec elle sur le pied d'une familiarité cordiale. — Grâce à votre complaisance, si en étant chez vous je me trouve chez moi, me dit-elle sans accentuer l'intention que pouvait avoir cette espèce de jeu de mots, n'oubliez pas, Monsieur, que vous êtes toujours chez vous. — Nous causâmes, moi assis à quelque distance de la chaise où elle travaillait à une broderie. Elle me parla avec modestie de votre liaison, de ton amitié. Il vous aime beaucoup, et je serais moi-même une ingrate, si je ne m'associais pas à la reconnaissance d'Olivier, dit-elle en me tendant la main. — Elle savait, par ce que tu lui en avais dit, une partie de mon histoire ; elle m'invita à avoir confiance en un meilleur avenir ; elle me fit la leçon à propos de mon oisiveté, et me dit des paroles qui témoignaient un intérêt véritable. Comme je me plaignais de ma solitude, faisant un peu, je le confesse, la *pose* à l'élégie, elle s'offrit à être mon amie : je la regardai avec attention pendant qu'elle parlait ainsi, je craignais un piége ; mais elle me faisait cette offre avec un abandon qui ne permettait aucune équivoque.

Elle causait avec un grand charme d'expression, pensant bien ce qu'elle voulait dire, et le disant mieux. Elle parlait avec une certaine abondance, qui n'était point seulement du bavardage féminin ; son esprit n'était point non plus l'écho des livres ou des conversations, il lui venait naturellement sans qu'elle parût s'en douter, car elle ne faisait ni geste ni pause formant parenthèse aux remarques ingénieuses de son discours, comme font les personnes pour qui le langage est un art. Elle me parut jeune, toute jeune, presque enfantine ; elle t'aimait alors comme tu ne fus jamais et comme tu ne seras plus aimé ; bien qu'elle fût de ton âge, sa tendresse avait de ces délicatesses maternelles qui distinguent les sœurs de charité. Chaque fois que je prononçais ton nom, elle rougissait légèrement, passait une main sur son front pour cacher sa rougeur, et posait l'autre sur sa poitrine agitée. Elle te jugeait bien ce que tu étais alors et ce que tu es resté toujours : un être tendre, faible, timide, et cependant volontaire, amoureux parce que tu étais jeune, vaniteux parce que tu étais poëte ; au fond de tout cela quelques vertus réelles, l'enthousiasme, par exemple, et l'ébauche de tous les défauts. Elle m'interrogea sur ton talent, et me montra des vers que tu lui avais adressés.

— Ils me font plaisir, me dit-elle, sans doute parce qu'ils sont faits pour moi, et parce qu'ils sont faits par lui. Je ne m'y connais guère ; mais si vous les trouviez mauvais, il ne faudrait pas me le dire, ajouta-t-elle en souriant d'un sourire qui semblait quêter néanmoins une approbation. — Je lui répondis aussi franchement que je l'aurais fait à toi-même. — Ce sont là, lui dis-je, des vers de premier amour et de première jeunesse, un bégaiement confus qui dit tout ce qu'on veut lui faire dire. Il se peut qu'Olivier ait pleuré en les écrivant ;

mais un jour viendra où ces vers le feront sourire :
ce jour-là peut-être sera-t-il devenu poëte ; aujourd'hui ce n'est encore qu'un enfant qui rêve, cherchant à deviner la vie, comme on peut deviner la mer à l'embouchure d'un fleuve, ne sachant rien, et parlant de tout avec l'assurance fanfaronne des ignorants, parlant même du malheur, un peu comme les Juifs de leur Messie qu'ils attendent toujours, mais surtout parlant de lui quand il est auprès de vous, et parlant de vous lorsqu'il est avec d'autres.

— Oh! vous le connaissez bien, répondit Marie, c'est un enfant; un rien l'attriste, un rien le réjouit. Je fais la tempête dans son cœur avec un pli de mon front, et le beau temps avec un sourire ; mais je l'aime bien, allez, Monsieur, et je l'aimerai tant qu'il voudra.

— Pensez-vous l'aimer toujours ? lui demandai-je. Ma question la fit tressaillir, elle me regarda avec inquiétude.

— Je suis son premier amour, me dit-elle.

— C'est justement ce mot de premier amour qui exclut l'espérance d'amour unique.

— Vous avez raison, fit Marie; mais du moins n'est-ce pas moi qui l'abondonnerai la première.

Ayant ainsi parlé de toi, je l'entretins ensuite

de sa situation présente. Elle me parut fort peu tourmentée. Son plus grand chagrin était causé par la réclusion complète à laquelle tu la condamnais. Elle ne jugeait point toutes ces précautions utiles.

Je passai ainsi auprès d'elle quatre heures délicieuses, m'enivrant de l'entendre et de la voir, content d'effleurer un pli de sa robe, heureux d'amener un sourire sur ses lèvres par le récit de quelque bouffonnerie d'atelier. Cette entrevue ne fut troublée par aucune mauvaise pensée, j'avais oublié même les suppositions que j'avais d'abord faites à propos de toi, et quand tu vins me rejoindre le soir, tu me trouvas calme auprès de ta maîtresse, sans que j'eusse besoin de me composer un maintien.

Cela dura pendant trois semaines. J'arrivais chez Marie à l'heure où tu la quittais, j'y passais la journée, dessinant pendant qu'elle brodait; nous vivions comme deux camarades; cependant je l'aimais chaque jour davantage. Pour ne pas me trahir, c'était une lutte continuelle que j'avais à subir avec moi-même, et pourtant, durant ces trois semaines, elle n'eut jamais l'occasion de soupçonner qu'une passion violente se débattait sous ma réserve apparente. Un soir, l'heure à quelle tu rentrais de coutume étant passée depuis longtemps, Marie, inquiète de ne pas te voir arriver, me pria d'aller m'informer chez ton père du motif qui pouvait te retenir. A la moitié du chemin, je crus te reconnaître dans la rue. Tu n'étais pas seul; une femme t'accompagnait. Je ne m'étais pas trompé, c'était bien toi, et, bien que je fusse passé presque à ton côté, tu ne m'aperçus pas, tant tu paraissais occupé de ta compagnie. Je vous suivis de loin pendant quelques minutes, et je vous vis monter dans une voiture de place; il était alors près de minuit. Je n'avais pas besoin d'en avoir davantage; je connaissais l'emploi de ta soirée et des heures qui allaient suivre. En d'autres temps, je n'eusse attaché qu'une médiocre importance à cette infidélité, qui pouvait n'être qu'une fantaisie, mais le moment me parut mal choisi pour satisfaire un caprice. J'allai retrouver Marie, je lui racontai une histoire pour justifier ton absence, et, comme un instinct de jalousie se révélait dans la difficulté qu'elle paraissait éprouver à se convaincre, je dus redoubler mes efforts pour la rassurer, et je plaidai ta cause aussi chaleureusement que si c'eût été la mienne propre.

Le lendemain, de grand matin, je courus chez ton père pour te prévenir de l'excuse que j'avais donnée à ton absence de la veille. J'appris là qu'on ne savait pas ce que tu étais devenu depuis une semaine, que tu avais cessé de prendre tes repas à la maison, et que depuis longtemps, d'ailleurs, tu n'y rentrais plus coucher. Ce dernier renseignement ne m'apprenait rien de nouveau; mais ton absence quotidienne n'étant plus expliquée par une nécessité, où passais-tu le temps que je tenais compagnie à ta maîtresse? que faisais-tu lorsque tu nous quittais le matin sous le prétexte d'aller travailler? Dans ces huit derniers jours surtout, j'avais remarqué en toi une préoccupation peu ordinaire; tu quittais Marie plus tôt chaque matin, et chaque soir tu revenais auprès d'elle un peu plus tard. Tu n'avais plus, comme dans les premiers jours, ce besoin de solitude qui te faisait trouver tant d'ingénieux prétextes pour m'engager à vous laisser seuls, si je tardais parfois à m'en aller; tu me retenais même quelquefois jusqu'à des heures avancées dans la nuit, et, si mal habile que je pusse être aux façons de l'amour, j'avais reconnu dans les tiennes des indices qui trahissaient un commencement de satiété.

Ce n'était pas seulement un caprice qui la veille t'avait retenu au dehors; ce que je venais d'apprendre constituait une infidélité en règle. Je

'en retournai avec l'intention bien arrêtée d'en
struire Marie ; mais, arrivé à ma porte, je fus
)ranlé par mille incertitudes, et puis ce rôle de
énonciateur me semblait odieux. Bref, je me
ndamnai au silence, espérant que ton incon-
ance deviendrait peut-être sérieuse, et me réser-
nt alors d'agir au cas d'une rupture définitive
tre ta maîtresse et toi. A tout hasard, j'atten-
is ton retour en me promenant devant la mai-
n.

Lorsque tu revins, je n'eus pas même besoin de
questionner : tu m'instruisis le premier de l'in-
rigue banale dans laquelle tu t'étais engagé par
uite d'un défi où ton amour-propre s'était trouvé
ntéressé. Tu accueillis assez maladroitement les
bservations que je hasardai, et, quand je te par-
ai de l'inquiétude où ton absence avait jeté Marie,
u affectas à propos d'elle un ton dégagé qui me
embla d'autant plus cruel, que ton indifférence
araissait sincère ; tu me traitas même de niais et
'e puritain. — Mais, interrompis-je, si au con-
raire c'était Marie qui eût pour un jour, ou pour
ne heure seulement, oublié ton nom pour ap-
rendre celui d'un autre, ne deviendrais-tu pas à
on tour un peu puritain ou extrêmement niais ?
— Bien qu'elle fût faite sur le ton de la plaisan-

terie, je remarquai que cette supposition avait suffi pour te faire pâlir.

— Cela est différent, me répondis-tu. Si parfois il m'arrive de faire ce qu'on appelle la cour à une de ces femmes pour qui la résistance est une fatigue, c'est par pure galanterie : quelques madrigaux entre deux quadrilles, un bouquet à la fin du bal, et, avant qu'un tour de cadran soit achevé, ma fantaisie sera passée, sans que rien puisse me la rappeler. Il n'en est pas de même de la trahison d'une femme. Quand cette femme n'est pas une coquette ou une misérable, sa faiblesse ne peut naître que de la violence même de son amour pour un autre que moi. Si elle cède à cet autre sans cesser de m'appartenir, c'est véritablement alors qu'elle me trompe, non pas moi seulement, mais mon rival. Si au contraire ma maîtresse me quitte avant de lui céder, elle ne commet pas une trahison : elle est fidèle à son amour nouveau, qui ne se souvient plus de l'ancien. En pareil cas, l'amant quitté n'est pas trahi, et doit, s'il est sage, brûler les lettres et le portrait de son amie, en jeter les cendres au vent, et dire : J'ai rêvé.

— Dans le cas où Marie te quitterait ou te tromperait, que ferais-tu, toi? ai-je alors répliqué.

— Elle et moi, nous sommes en dehors de semblables suppositions, m'as-tu répondu avec un accent de sécurité superbe. J'aime Marie de tout mon cœur, et elle m'adore.

— Mais un autre aussi peut l'aimer autant que toi, et elle peut l'adorer de même.

— Je suis sûr d'elle et sûr de moi.

— Cela est possible ; cependant la vie est longue, vous êtes bien jeunes tous les deux, et elles sont bien courtes ces éternités de fantaisie que les amants appellent *toujours!* Qui sait?... ai-je ajouté gravement, voulant te pousser à bout.

— Que signifient tes paroles? pourquoi ce point d'interrogation suspendu là comme une menace? Que veut dire ton *qui sait?* — Que sais-tu donc toi-même?

— Rien de plus que ceci : je suis jeune, Marie est belle, et tu nous laisses bien souvent seuls.

— Quoi! tant de paroles pour si peu! me répondis-tu avec un grand éclat de rire, et tu ajoutas en me frappant sur l'épaule : — Tu es mon ami, Urbain, et, de tous mes amis, tu es le dernier qui me causerait de l'inquiétude, si j'en pouvais avoir. Et maintenant allons rejoindre Marie. Je suis curieux de voir comment tu t'y prendrais pour lui faire la cour.

Ce que tu as oublié sans doute, c'est l'extrême dédain qui accompagnait ces paroles déjà dédaigneuses ; c'est ce regard qui tombait d'en haut en filtrant, pour ainsi dire, à travers tes paupières clignées ; c'était, sur ta lèvre, un sourire dans lequel on devinait une ironie aiguisée en pointe de flèche ; c'était le son de ta voix, je ne sais plus quel geste qui semblait jeter le gant du défi, toute ton attitude enfin pleine de provocation. Pourtant ce ne fut pas tout encore. Rappelle-toi, Olivier, la scène qui a suivi notre entretien dans la rue, quand nous eûmes rejoint Marie. Tout entière à la joie de te revoir, elle avait eu à peine le temps de t'embrasser, que tu te livras, à propos d'elle et de moi, à la plaisanterie la plus cruelle. Comme elle te faisait doucement quelques reproches à propos de ton absence, et dans ses paroles laissant, peut-être involontairement, percer une pointe de jalousie : — Eh mais, lui as-tu répondu en nous regardant tous les deux, n'aurais-je donc pas moi-même le droit d'être jaloux ? Urbain me le disait tout à l'heure : tu es belle, il est jeune, et je vous laisse souvent seuls.

Marie sourit vaguement, n'ayant d'abord compris dans ces paroles qu'une puérilité de conversation ; mais tu continuas sur un ton demi-sérieux :

— En supposant que je ne te fusse point fidèle, tu aurais sous la main un consolateur tout trouvé, et qui peut-être a déjà des raisons pour espérer qu'il ne serait pas mal accueilli.

Malgré les signes visibles de mon impatience, malgré l'embarras qui se peignait sur le visage de ta maîtresse, tu semblais prendre plaisir à prolonger cette situation, doublement pénible pour moi, puisqu'elle me couvrait de confusion devant la femme que j'aimais. Tu t'appliquais même à tourner les choses de telle façon qu'il y eut un moment où Marie, prise à ton piége, put supposer que j'avais éveillé ton inquiétude par des confidences dans lesquelles j'avais interprété d'une manière blessante pour elle l'amicale familiarité qu'elle me témoignait dans nos tête-à-tête quotidiens. Quand il lui vint cette pensée, je la devinai bien vite à l'air de sa figure, au coup d'œil qu'elle me lança, au rapide mouvement qu'elle fit pour me retirer sa main, dont j'avais voulu m'emparer en tâchant de lui faire comprendre combien j'étais désolé de ta méchante façon de t'amuser à mes dépens : on eût dit véritablement que, malgré ta sécurité apparente, tu avais voulu, par mesure de précaution, indisposer Marie contre moi. Tu n'avais su que trop bien réussir ; je devinai sur-le-champ que je lui étais devenu odieux, et j'avais deviné juste.

Un instant j'eus l'idée de rompre brutalement la glace, d'avouer devant toi mon amour à Marie, de l'instruire du véritable emploi de la nuit où tu l'avais laissée seule, et de me retirer, laissant faire le dépit que lui causerait cette révélation ; mais je réfléchis qu'il était trop tard. Prévenue contre moi, Marie ne m'aurait pas cru, et eût méprisé mes paroles comme une honteuse calomnie. — Quoi ! me disais-je intérieurement, c'est ainsi qu'on me traite ? c'est ainsi que l'on me parle ? Moi qui pourrais accuser, je ne puis pas même me défendre ! mon amitié et mon dévouement sont méconnus à ce point ! Cet amour qui est pour moi une idolâtrie, on en fait un jouet ! C'est en vain que je me tue à le contenir ; on viole sans ménagement mon silence douloureux. Je me consolais de ma souffrance par la pensée qu'elle était respectée comme doit l'être tout ce qui est sincère, et au lieu du respect, au lieu de la pitié même, on me raille ! C'est de la reconnaissance que l'on me doit, et c'est avec le mépris que l'on me paie ! Ah ! mon Dieu, c'est trop fort, oui trop fort pour moi !

Nous nous séparâmes froidement après cette scène déplorable. J'essayai encore une fois de prendre la main de Marie, mais elle n'eut point l'air de me comprendre et demeura immobile. Je lui dis adieu comme j'avais l'habitude de le faire en nous quittant le soir; elle ne me répondit pas. Et toi, Olivier, pendant ce temps-là, que faisais-tu? Toi, Olivier, tu riais en nous regardant tous les deux. Il aurait suffi d'un seul mot de toi pour que Marie renonçât aux préventions que tu lui avais fait injustement concevoir à mon égard, pour que sa main ne se fût point refusée à toucher la mienne en signe de bonne union. Son regard bienveillant m'aurait suivi jusqu'au seuil, elle m'eût appelé mon ami, et je serais resté le tien. Tu ne l'as pas voulu, et tu m'as laissé partir. J'ai marché tout droit devant moi; je suis entré dans un cabaret... Ce que je fis du reste de ma soirée et de ma nuit, je ne le sus que le lendemain matin, en me réveillant dans ma chambre. Au pied du lit où j'étais couché tout habillé, Marie sanglotait, demi-morte et demi-nue. N'ayant pas conscience de ce qui s'était passé, j'allais lui demander l'explication de ma présence chez elle à une heure si matinale que c'était presque encore la nuit. Marie me regarda avec stupeur, se couvrit le visage de ses mains, et murmura quelques mots noyés dans les larmes, qui me firent cependant comprendre que j'avais commis un crime. Comment avais-je pu faire? quelle fatalité m'y avait poussé? C'est ce que je découvris un peu plus tard. La veille, au lieu de passer la nuit avec ta maîtresse, tu l'avais quittée à onze heures. Au lieu de rentrer à ma nouvelle demeure, une inexplicable fatalité mêlée à un reste d'habitude m'avait ramené à la porte de l'ancienne. J'avais sur moi une double clef de la chambre que je t'avais prêtée. J'étais fou. Je suis entré chez moi sans même savoir où j'étais. Marie était plus belle encore dans son sommeil, et nous étions seuls. Voilà ce qui s'est passé il y a dix ans; comme je te disais en commençant ce récit, Marie a été ma victime, rien de plus.

Plusieurs motifs ont à cette époque contribué à ce que tu ignorasses les événements de cette nuit. Marie, à qui j'avais raconté la longue préface de souffrances dont le dénoûment, bien qu'il fût étranger à ma volonté, devait me faire haïr d'elle, me prit presque en pitié, si elle ne me pardonna pas. Non-seulement elle me promit le silence, mais encore elle me fit jurer que je me tairais moi-même.

— Et maintenant, me dit-elle quand je lui eus promis de faire ce qu'elle me demandait, lorsque Olivier va rentrer tout à l'heure, vous inventerez une histoire pour lui expliquer mon absence.

Ne comprenant pas d'abord ce qu'elle voulait faire, je la priai de s'expliquer elle-même.

— Croyez-vous, me dit-elle, que je vais rester dans cette chambre une heure de plus, et pensez-vous que j'oserais y revoir Olivier?

— Mais où voulez-vous aller?

— Chez ma mère, répondit Marie.

— Mais si votre mari vous fait suivre?

— Je vous l'ai dit déjà, je ne crois pas qu'il y songe réellement.

Et, tout en parlant ainsi, elle réunissait en paquets les objets qu'elle avait apporté le jour où elle était venue habiter chez moi. Tous mes efforts pour la faire renoncer à son départ demeuraient inutiles. — Elle est là, me disais-je en la voyant se mouvoir devant moi, et tout à l'heure elle n'y sera plus! — Ses préparatifs étaient terminés; elle n'avait plus que son chapeau à mettre. Je la regardai en tremblant de tout mon corps le poser sur sa tête et se retourner vers un tesson de miroir pour en attacher les rubans. Ce fut l'affaire d'une seconde. Elle prit son paquet entre ses bras, jeta un regard autour d'elle, étouffa un soupir, fit un pas vers la porte et posa sa main sur la serrure. Je m'étais laissé tomber sur le lit, suivant tous ses mouvements. Quand je la vis près de sortir, ma douleur ne put se contenir; j'éclatai en sanglots en murmurant : — Marie, Marie! et je tombai à ses genoux au milieu de la chambre. Son premier regard exprima la colère, comme si mon angoisse lui eût paru une insulte; mais son visage s'adoucit, elle m'obligea à me relever, et, quand je fus debout devant elle, elle me dit avec sa voix des bons jours :

— Je vous ai promis d'oublier, monsieur Urbain, je tiendrai ma promesse; mais vous m'autoriseriez à m'en dégager, si vous exigiez plus. Adieu!

Elle allait partir; tout à coup nous entendîmes des pas dans l'escalier.

— Oh! mon Dieu! s'écria Marie en se couvrant la figure de ses mains, si c'était Olivier!

— Eh bien! répondis-je, n'a-t-il point l'habitude de nous voir ensemble?

On frappa à la porte; j'allai ouvrir : c'était un commissionnaire. Il apportait de ta part à Marie la lettre dans laquelle tu lui annonçais que son mari la faisait rechercher. Craignant d'être suivi toi-même, tu la prévenais en outre que tu suspendrais tes visites pendant quelques jours, et l'invitais impérieusement à redoubler de précautions. Tu terminais en la priant de se confier à moi entièrement.

La lecture de cette lettre attrista Marie, moins à cause des nouvelles qu'elle lui apportait qu'à cause de la froideur inquiète que l'on y remarquait. En annonçant à ta maîtresse que, par mesure de prudence, tu te condamnais à être séparé d'elle pendant quelque temps, tu n'avais pas su trouver un mot qui exprimât le regret que te pouvait causer cette séparation. Cette lettre n'était guère plus qu'un avis complaisant, et rien n'y parlait d'amour, sauf une formule banale tombée d'une plume pressée.

— Eh bien! demandai-je à Marie, voyant qu'elle hésitait à prendre un parti, qu'allez-vous faire?

— Je n'en sais rien, me répondit-elle. Tenez, je crois que je deviens folle.

Elle paraissait en effet très-agitée. Je lui rendis ta lettre.

— Non, me dit-elle, je ne veux point la prendre; brûlez-la. Si j'étais arrêtée et qu'on la trouvât, cela pourrait compromettre Olivier. Il y a songé, car elle n'est point signée.

— C'est aussi ce que je pensais, lui dis-je; il y a pensé, et, plus que la prudence, c'est cette crainte qui le retient éloigné de vous dans le moment même où vous auriez le plus besoin de sa présence.

Elle ne répondit rien, me prit la lettre des mains, la déchira en petits morceaux qu'elle jeta au feu les uns après les autres. Bien qu'elle fût toujours toute prête à s'en aller, elle paraissait avoir oublié ses projets de départ, et, craignant de les lui rappeler, je n'osais pas la questionner sur ce qu'elle comptait faire dans la nouvelle situation des choses. L'un et l'autre, nous restâmes silencieux pendant quelque temps. Ce fut elle qui la première rompit le silence.

— Allez me chercher une voiture, me dit-elle.

— Pour aller où, puisque l'on vous cherche ?

— Je ne veux pas rester ici, répondit Marie; cette chambre m'est odieuse !

Je compris le motif délicat qui lui en faisait détester le séjour. Ce fut alors qu'il me vint à l'idée de lui proposer une chambre garnie située sur le même carré. L'endroit était convenable, le loyer d'un prix modique. — Vous serez chez vous et bien chez vous, lui dis-je. Elle consentit, j'allai arrêter la chambre, qui fut sur-le-champ mise en état de la recevoir. — Voici deux clefs, lui dis-je quand elle fut emménagée, si vous le désirez, j'en ferai parvenir une à Olivier.

— Non, répondit Marie en prenant les deux clefs ; vous lui direz que je suis partie, il m'aura bien vite oubliée. D'ailleurs n'a-t-il pas commencé déjà?

— Qui peut vous le faire supposer! lui demandai-je.

— J'en avais déjà le pressentiment, me dit-elle, et en baissant les yeux, elle ajouta : J'en ai eu la preuve cette nuit.

— Cette nuit! m'écriai-je en rougissant à mon tour, vous aviez promis de l'oublier.

— C'est aussi la dernière fois que j'y reviens, reprit Marie. Olivier me trompe, je le sais; vous m'avez appris la cause réelle de ses absences si longues dans ces derniers jours; je ne vous en veux pas, Olivier lui-même ne pourrait pas vous en vouloir, puisque vous étiez hors d'état de comprendre les suites que pouvaient avoir vos paroles. Je ne pense pas avoir été jamais légère dans mes relations avec vous ; mais Olivier a été imprudent, plus imprudent que coupable; tout ce qui est arrivé est un peu sa faute sans doute et beaucoup celle de la fatalité. Je ne dis pas que je n'aime plus Olivier, je mentirais; seulement, à compter d'aujourd'hui, il n'est plus pour moi qu'un étranger, sinon par le souvenir. Je souffrirai beaucoup de son absence, je m'y attends bien, et lui-même peut-être, ayant trop compté sur ses forces, sera affligé de ne plus me voir, car je ne veux pas croire que ce soit seulement la raison et la prudence qui le retiennent loin de moi. Il est trop jeune pour avoir de la raison et pour savoir s'y soumettre. Il me répugne également de supposer que c'est une crainte puérile qui l'éloigne de moi, parce que je suis persécutée ; et, si douloureuse qu'elle soit, je préfère m'en tenir à l'idée qu'il est auprès d'une autre personne. Puisse-t-elle me faire oublier par lui ! Je ne l'espère pas, et cependant je le souhaite, car Olivier ne me reverra plus. Notre séparation est devenue une nécessité qu'il a créée lui-même. Tout à l'heure je vous donnerai une lettre qui vous sera adressée, et dans laquelle je vous annoncerai mon départ. Si Olivier revenait, vous la lui montrerez, et, s'il vous interroge, vous répondrez n'en pas savoir plus long. Surtout pas un mot qui puisse le mettre en voie de supposer quelque chose de tout ce qui a eu lieu. Et maintenant, acheva Marie, laissez-moi, j'ai besoin de solitude et de repos, toutes ces émotions m'ont brisée.

Sur le point de la quitter, je la priai de vouloir bien me considérer à ses ordres, dans l'acception servile du mot. Je lui demandai en outre s'il ne lui était point désagréable que je revinsse habiter la chambre qu'elle venait de quitter.

— Je ne vous ai déjà causé que trop de dérangement, répondit-elle ; rentrez chez vous, cela est bien juste. D'ailleurs, si Olivier revient, il pourrait lui sembler étrange de ne pas vous trouver chez vous, puisque je n'y serai plus ; mais n'oubliez pas, Urbain, qu'en restant voisins nous demeurerons étrangers, inconnus l'un à l'autre : c'est à cette seule condition que je reste dans cette maison. Si j'avais besoin de vos services, je vous le ferai savoir par un petit mot que je glisserai sous votre porte... Adieu.

Les choses ainsi convenues et acceptées, je me retirai. Moi aussi, j'avais besoin de me remettre ; le reste du jour, je courus au grand air. Le soir, en revenant prendre possession de ma petite chambre, je trouvai sous la porte la lettre dont Marie avait parlé, je l'ouvris et la mis exprès en évidence pour te la montrer quand tu viendrais. Trois jours se passèrent, durant lesquels je n'aperçus point Marie, et ne reçus d'elle aucun avis. A mon grand étonnement, de toi non plus je n'entendais point parler. Le quatrième jour, comme je sortais de chez moi, la porte de la chambre de Marie s'ouvrit; la portière de la maison parut sur le seuil et m'appela d'un signe : elle sortit comme j'entrais. Je trouvai Marie couchée; elle paraissait très-souffrante. — Vous êtes malade, et je l'ignore? lui dis-je avec reproche.

— Cela n'est rien, me dit-elle, j'ai vu un médecin, et il m'a rassurée. Il me faut du repos seulement.

— Mais encore vous faut-il des soins!

— Cette brave femme que vous venez de voir me donne les siens.

— Je vais écrire à Olivier, lui-dis-je, ou bien j'irai le voir.

— Pas un mot là-dessus, me répondit-t-elle, et elle ajouta très-doucement : Je ne vous demande pas même s'il est venu.

Je gardai le silence, mais je m'aperçus qu'elle avait deviné ce que j'aurais eu à lui répondre, si elle m'avait interrogé à cet égard.

— Je vous ai fait venir pour vous demander un service, continua-t-elle : j'ai écrit à deux ou trois personnes de ma famille pour qu'elles me fassent parvenir de l'argent; mais, en attendant qu'elles me répondent, je me trouve obligée de recourir à d'autres moyens : j'ai heureusement quelques bijoux, je vous prie d'aller les engager.

Et elle me désigna une petite boîte qui renfermait une montre, quelques bagues et une petite chaîne de fantaisie.

— Ce n'est pas tout, continua Marie, je meurs d'ennui dans cette chambre. Ces quatre murs m'étouffent; j'ai besoin d'air, de mouvement. Pendant trois semaines, je n'ai point mis le pied dans la rue, et je souffrais déjà de ma réclusion, bien qu'elle pût me sembler douce. Maintenant je sens que je mourrais, si je devais rester prisonnière dans cette chambre. Enfin je veux sortir de temps en temps, et, pour plus de précautions, je veux me déguiser. Quand vous aurez l'argent des bijoux, vous m'achèterez des habits d'homme.

— Est-ce sérieux? lui demandai-je un peu étonné.

— Sans doute, répondit Marie; voyez plutôt, me dit-elle, j'ai déjà commencé mon déguisement.

Et, plongeant sa main sous son oreiller, elle me fit voir, enveloppée dans un mouchoir, sa magnifique chevelure noire, tombée fraîchement sous le ciseau. — J'en ai conservé juste ce qu'il faut pour avoir l'air d'un petit collégien, continua-t-elle en retirant son bonnet, pour me montrer sa nouvelle coiffure.

La vue de cette mutilation me fit frémir. — Mes

pauvres cheveux! murmura-t-elle en noyant ses mains dans leurs longues tresses, c'était ce que j'avais de mieux! Quand j'étais jeune fille, toute jeune, on m'avait mis dans un couvent; j'aimais cette douce vie passée dans ma cellule tranquille, les promenades sous les tilleuls du jardin, les chapelles parées pour les jours de fête; j'ai eu alors la pensée de prendre le voile; mais il aurait fallu couper mes cheveux, et ma mère n'a pas voulu: ce serait un meurtre, a-t-elle dit. Eh bien! le meurtre est accompli cependant. Mes pauvres cheveux! c'est vrai qu'ils étaient bien beaux; aussi *nous* en avions bien soin, autrefois.

Et elle ajouta plus tristement en froissant la chevelure dans ses mains : — On dirait qu'ils sont morts!

Je détournai vivement la tête pour lui cacher mon émotion. Pendant que j'avais le dos tourné, j'aperçus Marie dans la glace; elle avait collé ses lèvres sur cette chevelure *morte*, comme elle disait, et sans doute y cherchait la trace de tes baisers. Je la quittai pour aller engager les bijoux. J'allai ensuite dans le voisinage choisir des vêtements de jeune garçon qui pussent convenir à la taille de Marie, et je les lui portai sur-le-champ. Elle en parut satisfaite.

— D'ici à deux ou trois jours, fit-elle, je les mettrai pour faire ma première promenade.

— Vous sortirez seule? lui demandai-je.

— Oui, seule, mais en voiture, me fut-il répondu sur un ton qui ne permettait pas l'insistance.

Le lendemain matin, Marie me fit demander par la concierge. Je la trouvai vêtue de ses habits d'homme, et, si je n'avais jamais été prévenu de son déguisement, il m'eût été impossible de la reconnaître, tant elle me paraissait changée.

— Il fait beau aujourd'hui, me dit-elle, je me sens un peu mieux, je vais sortir ; cette promenade me remettra tout à fait. Voulez-vous m'aller chercher une voiture ?

Comme elle était encore un peu faible, elle consentit à prendre mon bras pour descendre l'escalier : mais elle ne voulut point me permettre de l'accompagner.

— Vous reviendrez? lui demandai-je quand elle fut en voiture.

— Soyez sans inquiétude sur mon compte, me répondit-elle ; je reviendrai. Dites au cocher de me conduire au bois de Boulogne.

Sa promenade se prolongea assez tard ; quand elle revint, elle paraissait encore plus triste qu'au départ. Je crus même remarquer qu'elle avait pleuré.

— Il n'est venu personne me demander pendant mon absence? fit-elle en me regardant.

— Une seule personne pouvait venir, lui répondis-je, et je ne l'ai point vue ; mais, si vous désirez voir Olivier, j'irai vous le chercher.

— Non, non, répondit Marie avec vivacité. Seulement j'ai changé d'idée : s'il venait, ramené par sa propre inspiration, vous lui diriez toujours que j'ai quitté cette maison ; mais vous lui donnerez à entendre que vous savez où je suis et que je pourrai peut-être le revoir quand il y aura moins de danger pour ma sûreté. Que voulez-vous? ajouta-t-elle. S'il me croit tout à fait perdue pour lui, j'ai peur qu'il ne prenne trop facilement son parti de m'oublier.

— Ayez donc alors le courage de votre faiblesse, lui dis-je ; écrivez-lui de venir, je vais lui porter votre lettre, et dans une heure il sera à vos pieds.

— Oh! non pas cela, répondit-elle. Je serais bien heureuse de le voir, mais il faudrait pour cela qu'il revînt de lui-même.

A l'heure même où nous parlions ainsi de toi, tu te mettais en route pour venir retrouver Marie. Ton accès d'indifférence n'avait pu durer plus de cinq jours. J'étais encore chez ta maîtresse, comme tu montais l'escalier. Marie reconnut ton pas et devint toute rouge et toute pâle.

— C'est lui, me dit-elle ; rentrez vite chez vous : s'il vous voyait sortir de cette chambre, il se douterait peut-être de quelque chose.

— Quoi! m'écriai-je, vous n'allez point le recevoir ?

— Mais non, me répondit-elle vivement ; il revient, c'est tout ce que je désirais.

— Il souffrira cruellement en ne vous trouvant plus.

— Ah! s'il souffre réellement, s'est-elle écriée avec la joie sauvage de l'égoïsme satisfait, c'est qu'il m'aime encore. Allez vite et faites ce que je vous disais tout à l'heure.

Je n'eus que le temps de sortir. A peine étais-je rentré chez moi que tu frappais à ma porte. Ton premier mot en entrant fut : Marie ? Je te répondis en te faisant lire la lettre qu'elle m'avait donnée ; ce fut alors qu'un premier soupçon traversa ton esprit : je jouai de mon mieux la petite comédie qui était convenue entre moi et ta maîtresse. J'ajoutai même à mon rôle mille nuances qu'elle ne m'avait pas indiquées. J'y semai les réticences, l'air mystérieux, les mots embarrassés, les paroles qui se démentent.

— Tu sais où elle est, me demandas-tu avec un emportement dans lequel bouillonnait déjà un instinct de jalousie.

Après un foule de détours fort peu sincères, j'arrivai à convenir que je connaissais le lieu que Marie avait choisi pour retraite. Quand je refusai de t'y introduire, je crus un moment que tu allais te précipiter sur moi. — Ainsi, repris-tu en voyant que la violence n'aboutirait à rien, c'est maintenant toi seul qui possèdes sa confiance !

— Ne lui as-tu pas ordonné toi-même de se livrer à moi entièrement et de suivre tous les avis que je pourrais lui donner dans l'intérêt de sa sûreté ?

— C'est vrai, m'as-tu répondu ; mais il faut que je la voie absolument. Il le faut ; je t'en supplie, fais-moi accorder un rendez-vous.

Ta douleur me paraissait tellement vraie que j'en fus ému, et je te promis de décider Marie à te voir. Tu t'es presque jeté à mes pieds pour me remercier. Quand tu fus parti, j'allai trouver Marie pour lui raconter ce qui s'était passé entre nous.

— Ne me dites rien, fit-elle. Je sais tout ; j'ai

écouté à la porte : je ne m'étais pas trompée, il m'aime toujours.

— Pourquoi ne voulez-vous point que je l'amène ici? dis-je. Et pour la décider, je lui donnai même à entendre que ce contre-temps pourrait ouvrir un nouveau champ à tes suppositions.

— Qu'il suppose ce qu'il voudra, répondit-elle. Pensez-vous qu'il serait plus rassuré, s'il apprenait que je n'ai pas quitté cette maison? D'ailleurs, continua-t-elle avec une naïveté féroce, qui dans un mot expliquait tout le cœur féminin, j'éprouve moins le besoin de le voir depuis que j'ai appris qu'il a le même désir.

Le lendemain, la retraite de Marie était découverte. Comme on venait de l'emmener, tu arrivais pour me prier de te conduire auprès de ta maîtresse. En me trouvant dans la chambre qu'elle venait de quitter, et où sa présence était trahie par quelques objets qu'elle y avait laissés, ce qui n'était d'abord qu'un soupçon dans ton esprit excité par la jalousie devint une certitude. Quelques rapports de deux de tes amis qui ne m'aimaient point vinrent encore confirmer tes doutes, et tu me quittas, convaincu que je t'avais trahi, et que Marie avait été volontairement complice de cette trahison. Au lieu de t'affliger, la pensée de savoir Marie livrée aux représailles que son mari pourrait exercer contre elle parut te causer de la joie. Un instant même j'ai soupçonné que c'était toi qui l'avais dénoncée dans un accès de jalousie. J'étais allé te voir avec l'intention de te raconter exactement tout ce qui s'était passé entre moi et ta maîtresse ; mais je m'aperçus bien vite que je ne serais pas cru. La douleur était pour toi chose nouvelle, et, une fois le premier choc subi, tu avais, comme cela arrive quelquefois, trouvé un certain charme dans ta souffrance, et tu remuais avec complaisance l'épine dans ta blessure. D'ailleurs Marie était séparée de toi pour un temps dont la durée ne pouvait être prévue. Vous étiez peut-être destinés à ne jamais vous revoir, et, sans que tu t'en doutasses toi-même, tu avais déjà fait un pas dans le chemin de l'oubli. Si je l'avais justifiée en m'accusant tout seul, tu aurais regretté Marie, et ce regret inutile t'aurait causé encore plus de chagrin réel qu'une infidélité, qui te laissait le beau rôle et te donnait le droit de l'oubli. Tels ont été sincèrement les motifs qui m'ont porté à me taire il y a dix ans. A cette époque, tu as recueilli d'ailleurs tous les bénéfices de cet événement, tandis que la honte en fut pour moi seul. J'ai passé pour un mauvais ami, pour un traître; pendant un temps, j'étais devenu l'homonyme de Judas, et ce soir même, pendant ce dîner, quand on a parlé de Marie, tous les regards m'ont lancé leur insulte. J'ai voulu en finir, non avec les autres, dont l'opinion m'est indifférente, mais avec toi, et c'est pourquoi je t'ai fait ce long récit. Unis ou séparés, nous avons beaucoup souffert les uns et les autres. Notre ancienne fraternité, quoi que nous disions, est une religion morte. Nous vivons d'une existence où nos sentiments les plus chers sont forcés d'aller prendre le mot d'ordre de nos intérêts; nous sommes enfin arrivés sous le pôle froid de la raison; ce n'est plus guère qu'à la chaleur d'un souvenir que notre cœur peut se réchauffer et pendant quelques minutes battre comme autrefois il battait toujours. Plus d'une fois, j'en suis sûr, Olivier, tu as pensé à Marie. Pendant bien longtemps même nous nous donnions rendez-vous pour nous souvenir d'elle ensemble, car tous les deux nous avions besoin l'un de l'autre pour nous faire un écho commun de nos regrets et de nos maux. Ce soir même, à l'heure où nous voilà, en traversant ces allées où tremble la lune, tu invoques l'image adorée de ta première amie, de celle à qui tu dois tes meilleures inspirations. C'est son fantôme que tu penses voir flotter dans ce brouillard qui monte là-bas, du côté où l'on entend couler la rivière, et c'est aussi sa voix que tu écoutes dans le souffle tiède qui effleure les branches. O mon ami, laisse venir à toi le souvenir qui te charme, accueille-le avec tout ce qui te reste d'adoration ; baigne-le de tes larmes les plus sincères. Par une belle nuit comme celle où nous sommes, sous la sérénité de ce beau ciel, dans ce mélodieux silence de la nature recueillie, si ton premier amour se dresse devant toi, livre-toi à tes impressions, sans les analyser ; ne te demande pas à toi-même si ce que tu éprouves est encore de l'amour, ou si ce n'est que de la poésie. Embrasse à pleine joie ta chimère, savoure avec délice l'heure que Dieu te sonne ; repousse tous les doutes, abjure toute rancune ; oublie ce qu'on t'a fait souffrir, oublie les maux que tu as causés toi-même ; ne te souviens que des choses qui font trouver quelquefois que la vie est bonne ; rappelle-toi Marie à ton aise, et que ma présence n'amène pas un pli à ton front. Marie ne t'a point trompé il y a dix ans.

III.

Pendant tout le reste du chemin, reprit Olivier après avoir observé un instant l'impression que ce récit avait produit sur sa compagne, nous nous entretînmes de vous. Quand je fus rentré chez moi, malgré la fatigue de la course que je venais de faire, je ne pus m'endormir, et toute la nuit je pensai à vous. Le lendemain, à mon réveil, votre souvenir était assis à mon chevet; il me suivit avec obstination au milieu de mes affaires, au milieu de mes travaux. Enfin, pendant tout le mois qui a suivi mon entretien avec Urbain, vous avez occupé autant de place dans ma vie qu'il y a dix ans. Je ne sais quel pressentiment me disait que je devais vous rencontrer, et que cette rencontre n'était pas éloignée. Dans cette prévision, il m'arrivait quelquefois de préparer ce que j'aurais à vous dire; je faisais la répétition de ma première entrevue quand le hasard vous mettrait en face de moi. Tout cela était bien de l'enfantillage, si vous voulez; mais j'y trouvais une véritable douceur; puis tout à coup je pensais avec tristesse que vous ne me reconnaîtriez peut-être pas, ou ne voudriez point me reconnaître.

— Cela est singulier, répondit Marie; lorsque vous m'avez rencontrée avant-hier au soir, je me trouvais moi-même depuis quelque temps dans une situation d'esprit à peu près semblable à la vôtre; mais comment aurais-je fait d'ailleurs pour ne point songer à vous? Depuis mon retour en France, j'ai entendu parler de vous si souvent. On eût dit que toutes les personnes que je fréquentais se donnaient le mot pour prononcer votre nom devant moi, et cependant ce n'était là que le fait du hasard, car aucune d'elles ne connaissait nos relations d'autrefois. — Ah! mon ami, continua la jeune femme en posant sa main sur celle d'Olivier, j'ai été bien heureuse d'apprendre votre position nouvelle; mais une vague tristesse se mêlait pourtant à ma joie : j'avais entendu faire sur vous, par des gens qui semblaient vous connaître, des récits qui ne me permettaient pas de onserver l'espérance qui se réalise aujourd'hui.

— Quoi donc? interrompit Olivier, qu'a-t-on pu
ous dire sur mon compte qui ait pu vous auto-
iser à mettre en doute la joie sincère que j'éprou-
erais à me retrouver auprès de vous?

— Ah! mon Dieu! fit Marie, votre existence
ctuelle m'est absolument étrangère, je n'en sais
ien que par ouï-dire... Mais ce doit être la vie
ccidentée à laquelle vous aspiriez déjà quand
ous étiez jeune. Au milieu de ces agitations de
haque jour, parmi toutes ces liaisons que noue
n caprice et qu'un autre délie, je pouvais penser
u'il y aurait, de ma part, presque de la témérité
supposer que vous eussiez encore une place à
lonner à mon souvenir... Cela est si long, dix
ns, et cela est si loin!... Mais c'est égal, j'ai été
ien doucement émue quand vous m'avez abordée
'autre soir.

— Je vous ai paru bien changé? demanda
)livier.

— Je ne l'ai guère remarqué, fit Marie. Dès les
premiers mots que vous m'avez dits, j'ai retrouvé
a voix qui me charmait jadis, et, pendant la première minute, j'ai certainement dû paraître ra-
jeunie de dix ans. Ah! mon ami, ajouta-t-elle, il
aurait fallu pour bien faire que cette minute se fût

prolongée... Je suis plus changée que vous, moi, bien plus assurément.

— Eh bien! je ne l'ai guère remarqué non plus.

— D'abord, cela se peut, c'était le soir... vous m'avez mal vue... Aussi j'étais bien inquiète tout à l'heure quand j'ai relevé mon voile, et vous bien impatient, n'est-ce pas? Je m'en suis aperçue... Eh bien! maintenant, parlez franchement... comment me trouvez-vous? que vous dit mon visage? est-ce encore une figure ou seulement un portrait qui vous rappelle de loin, et votre mémoire aidant, les traits que vous aimiez... au temps où vous n'aviez encore aimé personne?

— Vous êtes pour moi la même, toujours la même, chère Marie.

Il y eut un moment de silence durant lequel ils échangèrent un long regard en tenant leurs mains unies.

— C'est étrange! fit Marie, j'avais tant de questions à vous faire, et voilà que je ne puis trouver un mot.

— C'est comme moi, dit Olivier... Est-ce la crainte d'apprendre des choses que je préférerais ignorer?... Mais je n'ose pas vous interroger...

ureusement que nous avons du temps devant
us.

— Il est midi, interrompit Marie, je suis libre
squ'à cinq heures.

Et comme elle avait remarqué qu'en l'écoutant
n compagnon avait froncé le sourcil, elle ajouta
riant : Mais je puis retarder ma montre. Et,
'un léger coup de pouce, elle recula l'aiguille
squ'au chiffre qui indiquait dix heures. Olivier
remercia d'un coup d'œil. Le déjeuner étant ter-
iné, ils se levèrent et firent leurs préparatifs de
épart. Comme ils allaient quitter le restaurant,
larie, qui était déjà sur le seuil de la porte, se
etira brusquement dans la salle. Olivier, s'étant
perçu de ce mouvement, lui en demanda la rai-
on. Elle parut hésiter un moment à lui répondre ;
uis, s'étant décidée, elle indiqua du doigt la
grande rue de Ville-d'Avray, qui, en ce moment
même, était sillonnée de cavalcades et de nombreux équipages. — Je n'y avais point songé,
murmura Marie comme si elle se fût parlé à elle-
même, c'est aujourd'hui qu'ont lieu les courses de
Versailles. Tout ce monde qui passe sur la route
s'y rend.

— Eh bien ! fit Olivier qui ne comprenait pas.

— Eh bien ! répondit Marie avec une hésitation

nouvelle... il se pourrait que je fusse reconnue par quelques-unes des personnes qui passent à cheval ou en voiture... Je vous expliquerai... je vous dirai tout, quand nous serons seuls, acheva Marie à voix basse.

— Ne serait-il point possible de gagner le bois sans que nous prissions par la route? demanda Olivier à la servante.

— Notre jardin a une porte de sortie sur les étangs, répondit celle-ci, je vais vous y conduire; vous trouverez le bois à deux minutes.

Après avoir fait quelques pas, ils étaient arrivés en effet sur la lisière du bois, et s'engageaient dans une étroite allée à pic qui semblait monter dans les nuages. Arrivés à la hauteur de ce chemin un peu fatigant peut-être, le jeune homme et sa compagne s'arrêtèrent un moment et regardèrent autour d'eux, comme s'ils eussent cherché un endroit pour se reposer de l'ascension un peu rude qu'ils venaient d'accomplir.

— Nous tournerons par là, dit Olivier en indiquant de la main un petit sentier qui détournait brusquement, et tous deux y disparurent bientôt au bras l'un de l'autre.

Le lieu où ils s'arrêtèrent d'un commun accord paraissait préparé à loisir pour les confidences

'un tête-à-tête amoureux. Qu'on se figure au
mmet d'une côte élevée une oasis agreste, d'où
vue s'étendait au loin sur les campagnes confu-
ment voilées dans une vapeur lumineuse. C'était
solitude sans être le mystère, c'était le calme
ns être le silence morne qui, durant les jours de
été, semble planer sur les champs endormis à
heure chaude où la nature s'immobilise elle-
ême dans la sieste. Au bruissement des pre-
ières feuilles qui commençaient à se détacher des
ranches, au mugissement sourd d'une fabrique
ont on apercevait fumer le haut fourneau à travers
es éclaircies de feuillage, au sifflement aigu et pro-
ongé des locomotives lancées sur le rail, se mêlait
ointainement, comme une note champêtre au mi-
ieu des clameurs de l'homme, le murmure pres-
ue étouffé causé par les clochettes des vaches qui
âturaient le gazon brûlé dans le *dormoir* voisin.
ien de plus charmant que ces heures de déclin,
ù la rustique mélancolie des bois donne une grâce
ouvelle et comme une seconde jeunesse aux
ourantes beautés de l'ardente saison. Les plantes,
ui sentent la séve engourdie s'arrêter en elles,
romatisent de leurs plus subtils parfums la brise
ui doit bientôt se faire aquilon. La brise caresse
de son haleine la plus tiède les rameaux de l'arbre

que l'aquilon doit ébranler bientôt. Les hirondelles, réunies dans un seul point du ciel, se rassemblent en vol circulaire, et s'appellent pour le pèlerinage d'Orient. Le lézard étale plus complaisamment son *far niente* frileux sur la pierre chauffée. Les oiseaux, sûrs d'un asile, voltigent plus gaiement autour de leur nid duveté; l'insecte se roule dans le pli d'une feuille où il va s'endormir pour ne se plus réveiller; le grillon rêve un âtre pour abriter ses sérénades durant les nuits d'hiver. Mille présages mystérieux semblent avertir les choses et les êtres que le jour approche où le ciel sera noir, où la terre sera blanche, et les invitent à savourer la chaleur de ce beau soleil qui doit s'éteindre quand la dernière feuille sera jaune, quand la dernière grappe sera mûre.

En s'asseyant à côté l'un de l'autre, sur un tertre de gazon qui formait comme un divan naturel, l'attitude d'Olivier et de Marie n'indiquait aucun trouble intérieur; on lisait dans leurs regards une impatience égale de se trouver bien seuls, mais on devinait aussi que leur intimité solitaire ne leur inspirait d'autre désir que celui de partager mutuellement la joie qu'ils éprouvaient à entendre leur cœur battre au diapason de la même émotion.

— Eh bien! Marie, fit Olivier le premier, nous

devons avoir bien des choses à nous dire, et c'est probablement pour cela que nous ne savons par où commencer.

— Bien des choses en effet, répondit la jeune femme; mais ne ferions-nous pas mieux d'en rester aux suppositions?

— Non, dit Olivier, c'est là un terrain mobile, où l'on ne marche pas avec assez de sécurité : nous savons ce que nous avons été autrefois; voyons ce que nous sommes maintenant, et apprenons-le de nous-mêmes.

— Et quand nous le saurons, demanda Marie, qu'en résultera-t-il?

— Vous me le demandez, Marie, et votre main tremble dans la mienne.

Olivier prit la main de sa compagne, et l'approcha de ses lèvres, mais celle-ci retira brusquement sa main en détournant la tête.

— Pourquoi? fit le jeune homme.

— Pour cela, répondit faiblement Marie en retirant de sa main une bague en or sur le chaton de laquelle s'entrelaçaient deux chiffres; et, dès qu'elle eut glissé le bijou dans sa poche, elle rendit sa main à Olivier, qui la garda dans la sienne, où il la pressa doucement.

— Vous n'êtes pas libre, lui dit-il presque à

voix basse, cependant vous êtes veuve. Je l'ai appris il y a huit ou neuf ans.

— Je ne dépends que de ma volonté, répondit Marie.

Olivier se rapprocha d'elle, et, glissant son bras autour de sa taille, il indiqua de la main, sans la poser, l'endroit du cœur.

— Qui est là? demanda-t-il à Marie.

Celle-ci rougit légèrement.

— Un mort, répondit-elle après une courte hésitation.

— Un mort... enterré, fit Olivier en riant.

— Non, dit Marie après une hésitation nouvelle.

— Dites-moi tout, je vous en prie.

— Pourquoi exiger cela, mon ami? Si ces sortes de confidences ne vous paraissent point pénibles à entendre, elles sont toujours douloureuses à faire. Ne pouvez-vous pas deviner d'ailleurs? Tantôt vous m'avez parlé d'une affection de plusieurs années que vous veniez de rompre récemment. Qu'il vous suffise de savoir que ma situation est la même.

— Et....., demanda Olivier avec vivacité, cette personne à qui vous faites allusion, elle vous a abandonnée?

— Non pas elle, mais moi.

— Il y a longtemps?

— Il y a six mois.

— Et vous l'avez quittée sans regret?

— Je ne dis pas cela. Peut-on rompre tranquillement une liaison qui a duré plusieurs années? Je vous le demande à vous-même, qui, ce matin, sous le berceau où nous avons déjeuné, aviez des larmes dans la voix en me parlant de votre dernier amour?

— Pourquoi revenir là-dessus, Marie? fit Olivier. Je vous ai expliqué que cette dernière passion dont vous parlez avait été de ma part une folie, une erreur.

— Une erreur qui dure quatre ans! reprit Marie en secouant la tête.

— Ne parlons plus de cela, je vous en prie, s'écria Olivier.

— Ah! de tout mon cœur, répondit Marie.

Mais au bout de cinq minutes, pendant lesquelles ils avaient parlé d'*eux* seulement, sans qu'ils sussent comment l'un et l'autre, la conversation en était revenue au sujet qu'ils s'étaient proposé d'éviter.

— Cette personne habite-t-elle la France? avait demandé Olivier.

— Non, dit Marie, *il* vit ordinairement à Londres.

— C'est comme à Paris, alors, fit Olivier.

Mais, s'étant aperçu que sa compagne semblait attendre une nouvelle question sur le même sujet, il changea brusquement de conversation, en observant attentivement si elle n'en laisserait point paraître quelque dépit. Au contraire, Marie sembla satisfaite d'avoir à parler d'autre chose.

Pendant deux longues heures, et sans qu'aucune autre pensée vînt les en distraire, ils s'entretinrent de leur amour passé, se rappelant tels et tels événements, telle promenade à la campagne, telle tranquille soirée passée au coin du feu, quand l'hiver pleure aux vitres. Ils échangeaient des pressions de main furtives et brûlantes qui les faisaient tressaillir, des tutoiements de regards à l'enivrement desquels ils ne résistaient que pour prolonger le charme qu'ils trouvaient dans la lutte. Puis tout à coup, au milieu des douceurs de cet abandon, leurs mains se désunissaient, un nuage passait sur leur front, leurs regards s'évitaient, et leurs lèvres, ouvertes pour un sourire, se fermaient brusquement, comme s'ils eussent craint de laisser échapper quelque parole d'une intimité familière qui ne s'était jamais prononcée au temps de leur ancienne liaison, qui sait même? un nom qui n'était pas le leur. Il y avait alors entre eux des intermittences d'inquiétude; ils se regardaient à la dérobée avec un air singulier. On devinait dans leur attitude que chacun de son côté se livrait sur le compte de l'autre à des remarques dont le résultat donnait un démenti à quelque espérance chèrement caressée. Craignant alors que le silence ne vînt trahir leur préoccupation, ils se remettaient à parler de choses étrangères à leurs sentiments; mais alors ils s'apercevaient qu'ils s'épiaient encore dans ces propos insignifiants, et, sans prendre garde aux paroles, semblaient deviner seulement dans le son de leur voix la cause réelle qui les faisait recourir à des subterfuges dont ils n'étaient point la dupe.

— A quoi pensez-vous? demanda Olivier en voyant Marie qui se tenait immobile, les yeux fixés vers l'horizon où le soleil commençait à baisser.

— Vous ne m'auriez point fait une telle question autrefois quand j'étais auprès de vous.

— C'est qu'autrefois je n'aurais pas eu à vous la faire, Marie.

— Qu'y a-t-il donc de changé? s'écria la jeune

femme, ne sommes-nous donc pas ensemble?

— Hélas! qui le sait? fit Olivier en mettant sa tête dans ses mains, qui le sait, Marie?

— O mon ami, je vous en prie, ne soyez point aussi triste; vous m'affligez. Est-ce pour cela que vous m'avez fait venir? moi qui me faisais tant de joie de ce rendez-vous! Depuis le soir où je vous ai rencontré, ce fut là mon unique pensée. D'où vient donc que je suis moins contente en vous voyant là, près de moi, que je ne l'étais hier, que je ne l'étais ce matin en attendant l'heure qui devait nous réunir? Est-ce qu'il n'en a pas été de même pour vous? Vous me l'avez dit tout à l'heure. Avez-vous donc menti? Pourquoi mentir? Me cachez-vous quelque chose? A quoi bon? Moi-même ne vous ai-je pas tout dit de ma vie passée, plus que je ne voulais dire même? Mais vous l'avez souhaité, et je vous ai obéi. Est-ce que vous en avez du regret? Cela ne serait pas raisonnable, mon ami. On ne peut empêcher que le passé ait existé et qu'il nous ait faits ce que nous sommes. Vous avez souffert. Et moi donc! s'écria-t-elle en se frappant la poitrine, tout mon cœur n'est qu'une plaie?

— N'en dites pas plus, s'écria Olivier, ce cri-là me dit tout.

— Que voulez-vous dire? Je ne vous comprends pas.

— Maintenant, reprit Olivier, il est inutile de nous tromper nous-mêmes en voulant nous tromper l'un et l'autre. Vous aviez raison tout à l'heure : on ne peut empêcher que le passé ait existé. Nous avons fait le même rêve; partageons le même réveil, et remettez à votre doigt la bague que vous avez retirée tout à l'heure.

— Pourquoi me dites-vous cela, Olivier?

— Remettez-la, vous dis-je; elle aurait beau n'y être plus, je la verrais toujours.

— Voulez-vous que je la jette dans le creux de cette vallée? fit Marie en tirant la bague de sa poche.

Olivier lui arrêta le bras.

— Ce serait un sacrifice inutile, un regret ajouté à d'autres regrets. Gardez-la, Marie; ce n'est point sur ce morceau de métal qu'il est gravé plus profondément le souvenir que cet anneau rappelle : c'est dans la plaie même dont votre cœur est atteint.

— Je ferai ce que vous voudrez, mon ami, fit Marie en remettant avec lenteur l'anneau à son doigt; vous avez sans doute vos raisons pour m'engager à agir ainsi, et, si discrètement que vous les ayez contenues, j'ai pu les deviner peut-être.

— Quoi que vous entendiez dire, je ne veux rien nier, répondit Olivier.

— Si vous eussiez porté au doigt une bague comme la mienne, auriez-vous consenti à la jeter sur le chemin, ainsi que je voulais le faire? demanda Marie.

— Non, Marie, car vous m'en eussiez empêché sans doute, comme je l'ai fait.

— Hélas! mon ami, dit Marie en se levant, qu'est-ce que nous sommes venus faire ici?

— Essayer de nous guérir l'un l'autre d'un mal pareil, et nous apercevoir, assez tôt heureusement, que notre blessure commune chérissait encore son épine.

— Et le remède? fit Marie avec tristesse.

— Nous aurions pu l'avoir si chacun de nous avait ignoré le secret de l'autre.

— Alors pourquoi m'avez-vous fait parler, Olivier?

— Parce que, moi, je n'aurais pas pu me taire, répondit-il tristement.

Comme six heures venaient de sonner à la petite église de Ville-d'Avray, Olivier et Marie, marchant du même pas pressé avec lequel ils étaient venus le matin, suivaient le même chemin qu'on leur a vu faire, avec cette différence qu'au lieu d'en venir, ils se rendaient à la station.

— Nous arriverons trop tard, dit Marie en pressant le pas.

— Ce n'est plus la peine de marcher si vite, répondit Olivier, voici le convoi qui passe; nous ne serons jamais à temps.

— Eh bien! repliqua Marie, nous voilà forcément riches d'une heure de plus... N'en êtes-vous point fâché, Olivier?

— Si je vous disais que je vous ai fait prendre le plus long chemin exprès pour amener ce retard! fit Olivier.

— Malgré tout ce que nous savons l'un de l'autre, j'aurais encore du plaisir à vous croire, répondit Marie en secouant la tête; mais ne me trompez-vous pas?

— Et pourquoi? dit Olivier. N'avons-nous pas, dans cette longue causerie que nous venons d'avoir, fait tous les deux preuve de franchise suffisante pour qu'il nous soit encore permis un doute réciproque sur nos paroles? Tenez, si vous m'en croyez, au lieu d'attendre le passage d'un nouveau convoi à Sèvres, nous allons tout doucement gagner la station de Saint-Cloud par le parc; les départs sont beaucoup plus fréquents, — à moins cependant que vous ne soyez fatiguée, et que cette course ne vous effraie...

— Non, dit Marie; cela me plaît ainsi. Partons.

— Eh bien! demanda Marie quand ils furent en route, répondez-moi bien sincèrement, Olivier; quelle impression vous laissera cette dernière entrevue que nous venons d'avoir?

— Pourquoi dites-vous dernière? fit Olivier?

— Parce que nous ne nous verrons plus, répondit-elle, à moins que le hasard ne nous mette passagèrement en face l'un de l'autre.

— Mais si je voulais aider le hasard, ne feriez-vous pas comme moi?

— A quoi bon? dit-elle. Etes-vous donc réellement si avide d'émotions, que vous recherchiez même volontairement celles qui vous laissent une impression de tristesse? Pensez-vous donc que depuis ce matin nous n'ayons rien perdu l'un et l'autre? Suis-je pour vous, maintenant que vous me connaissez, ce que j'étais hier, ce que je pouvais vous paraître encore avant notre conversation dans le bois? Et vous-même, quand votre souvenir reviendra à ma pensée, aura-t-il le charme qu'il pouvait avoir avant cette rencontre? Je le souhaite, mais je ne l'espère plus. Mieux aurait valu, voyez-vous, que nous fussions restés dans notre incertitude commune. Ah! comme je regrette de vous avoir donné ce rendez-vous! Cependant, ajouta-t-elle avec une gaieté mélancolique, si vous ne me l'aviez point demandé, c'est peut-être moi qui vous l'aurais proposé.

— Vous avez peut-être raison, Marie; mais c'est la loi humaine, à laquelle nul ne peut échapper. Si courte qu'elle soit, toute joie doit se payer ici-bas. Depuis dix années, je n'avais pas éprouvé, je vous l'atteste, un sentiment qui se fût emparé de moi aussi complétement que sut le faire l'impression que m'avait laissée notre rencontre de l'autre jour. Depuis ce moment-là jusqu'à celui où nous nous sommes retrouvés ce matin, l'espérance de ce rendez-vous fut une source où j'ai puisé un bonheur si vif, que je ne pense pas l'avoir payé trop cher par le désenchantement qui lui succède. Oui, j'ai eu tort, et vous aussi, et cependant nous avons à nous remercier tous deux, car, vous m'en avez fait l'aveu, ce que j'ai ressenti, vous l'avez éprouvé de même. Ah! songez-y, Marie, quoi qu'il en soit résulté, nous devons un merci à Dieu de nous avoir permis ces deux jours de jouissance que nous seuls pouvions nous procurer l'un à l'autre, car en vain je l'aurais demandée à l'amour d'une autre femme, de même que vous l'eussiez espérée vainement dans la passion d'un autre homme. Plutôt que de l'avoir gardé sur nos lèvres, ne vaut-il pas mieux encore nous être dit ce dernier mot, qu'il faut toujours se dire? Vous pensez que le mal est grand, parce que nous venons d'acquérir par nos aveux communs la preuve que notre amour n'était qu'un reflet, et que les dix ans qui nous ont séparés n'étaient point un rêve. Ce qui est vraiment triste dans tout ceci, c'est que dans cet instant même, malgré tout ce qui s'est dit entre nous, bien que nous sachions que c'est chose impossible, nous avons le même désir de renouer un lien que les événements ont brisé jadis. J'en suis sûr, Marie, de votre côté comme du mien, c'est la pensée qui vous amenait ici ce matin. Un peu plus de dissimulation de part et d'autre, et nous nous fussions abandonnés à notre désir. C'est là vraiment que le mal eût été grand, et le désanchantement véritablement amer; mais nous n'avons pas voulu nous tromper, et l'eussions-nous tenté, que cela n'eût guère été possible. Au souvenir de notre amour lointain se mêlait malgré nous le souvenir des amours plus rapprochés, et l'un et l'autre nous entendions sonner distinctement la chaîne mal brisée de notre dernier esclavage. Vous aviez une robe verte, ô Marie, et plus d'une fois j'ai regretté qu'elle ne fût pas rose ; vos cheveux sont noirs, et je les aurais souhaités blonds ; vous-même, en me regardant, sembliez étonnée des traits de mon visage, et mon nom, si doucement que vous le prononciez, n'était pas celui que vous auriez voulu dire. C'est grâce à cette franchise commune que nous avons évité un grand malheur.

— Tenez, dit Marie en indiquant la lanterne de Diogène, près de laquelle ils passaient alors, c'est là que je suis venue m'asseoir le jour de ma première promenade avec *lui*, il y a trois ans.

Cinquante pas plus loin, ce fut Olivier qui arrêta Marie, et, lui montrant un banc de pierre auprès d'un bassin, il ajouta :

— C'est là qu'*elle* s'est assise dans notre dernière promenade, il y a six mois.

— Oh ! mon ami, interrompit Marie avec une larme dans les yeux, est-ce donc vrai que nous n'avons jamais été plus éloignés l'un de l'autre que durant cette journée que nous avons passée ensemble ?

Olivier ne répondit point, et serra silencieusement la main de sa compagne, qui regardait en rêvant les étoiles trembler dans l'eau du bassin.

Une heure après, ils étaient de retour à Paris.

Décembre 1851.

LA RÉSURRECTION DE LAZARE

DRAME PAR LETTRES

(en collaboration avec M. Antoine Fauchery)

PERSONNAGES

LAZARE.
LOUISA.
THÉODORE.
VALENTIN RAYNAL.

MARIE D'ALTON.
LE COMTE ANTONY DE SYLVERS.
LE VICOMTE SÉRAPHIN.
BLANCHE LEJEUNE.

PREMIÈRE LETTRE

A M. LE COMTE ANTONY DE SYLVERS, 4, RUE D'ASTORG,
A PARIS.

Verrières-sous-Bois, le 20 juin 1846.

Mon cher ami,

C'est entre quatre gendarmes et dans une mauvaise auberge que je vous écris.

Voici bien du nouveau, allez! Je suis en ce moment sous le coup d'un étonnement profond, et j'éprouve le besoin de vous en instruire, ainsi que des causes qui l'ont déterminé, car j'aurai peut-être besoin des conseils de votre expérience.

Vous savez, mon ami, que je suis, depuis que je vous connais surtout, habitué à vivre au milieu d'événements assez extraordinaires pour que je ne repousse pas absolument les fantaisies les plus exagérées du roman, les *Contes* d'Hoffmann et les chapitres des *Mille et Une Nuits*, ces merveilleuses féeries qui sont peut-être de l'histoire. Vous savez que mieux que quiconque je pourrais établir une géographie morale qui pût servir aux étrangers, — j'entends par là les neuf dixièmes des humains, — pour se reconnaître dans ces régions du surnaturel qui forment dans la vie réelle une contrée bien distincte et aussi inconnue au plus grand nombre que les montagnes de la Yucca le sont pour les citoyens de la Villette. Moi, je suis un naturel de ce pays-là; aussi, vous savez combien me paraissent mesquines et véritablement peu dignes d'attention toutes les petites choses de la vie ordinaire, à qui les hommes donnent pompeusement le nom d'événements : les révolutions, les tremblements de terre, les changements de ministères et les chats à trois têtes, phénomènes physiques, politiques ou moraux qui occupent beaucoup de monde, mais qui sont pour moi des misères, car depuis quatre ans ma vie est pleine de 1789, autrement sérieux que toutes les frivolités que Clio enregistre sur ses tables d'airain.

Pourtant, comme je vous le disais tout à l'heure,

je suis étonné, surpris, complétement surpris; mon sang-froid, qui depuis si longtemps était habitué à défier les attaques les mieux combinées de l'imprévu, est demeuré en défaut. Achille de l'indifférence, j'ai été blessé au talon. Je me trompais, mon ami! je me trompais! Hélas! fallait-il donc en arriver là, après avoir traversé aussi victorieusement toutes les épreuves que vous m'avez fait subir, et combien vous allez rire de moi quand vous saurez quel chétif accident m'a déchu de mon immobilité de dieu Terme!

Vraiment, c'est à n'y pas croire.

Vous souvient-il, entre autres tentatives entreprises dans l'intention de me faire remuer, de cette conspiration organisée il y a deux années par vous et Séraphin! Séraphin qui, pour l'intrigue, en aurait remontré à Figaro, — l'aïeul de Talleyrand. Certes, s'il fut jamais complot supérieurement machiné, c'était celui-là, et pour faire votre miracle, vous aviez choisi l'instant le plus favorable.

Si vous vous le rappelez, il s'agissait de m'étonner, ne fût-ce qu'un instant, qu'une seconde, et ne dussé-je trahir ma surprise que par un geste, un mot.

Bien que deux années se soient passées depuis

cette tentative, et vous savez durant cet espace de temps quelle énorme quantité de surnaturel j'ai dépensé, je me souviens encore de ce jour-là comme si c'était hier.

Alors, pour avoir entamé un peu trop vivement mon patrimoine, déjà entièrement grevé, je vivais plus gueux qu'un phalanstère de rapins réalistes, et je ne pouvais sortir de chez moi qu'au soleil couché. Notez qu'au milieu de tous ces embarras, j'avais encore les ennuis d'un amour malheureux, — une princesse souveraine que j'avais rencontrée un soir à l'Opéra; vous savez, la belle aux rubans bleus dont je vous ai si souvent parlé. Enfin — je me rappelle bien la situation — auprès de ma tristesse, le cimetière de la tragédie d'*Hamlet* eût été le comble du comique et de l'hilarité. Et grâce à la rigidité de ma famille, cette lugubre position s'assombrissait de plus en plus. Enfin, j'étais dans une effroyable situation, et pour en sortir, on exigeait de moi des choses ridicules.

Depuis un mois j'avais complétement oublié la forme des monnaies modernes, et je n'admettais le mot *or* que pour rimer avec *Léonor* et *corrégidor*, dans les libretti d'opéras espagnols.

Toutes valeurs métalliques étaient absolument pour moi sur le même rang que les astres, que dès ma tendre jeunesse je me suis plu à considérer comme des pièces de 20 francs célestes que le bon Dieu s'amusait à compter la nuit sur un comptoir d'azur ou d'ébène ; enfin, des choses qu'on voit, mais qu'on ne touche pas : des corps impondérables, comme disent les dictionnaires scientifiques.

Donc j'en étais là. — Vous apprîtes ma position embarrassée, et sur-le-champ vous avez songé à m'en tirer, en vous réservant de profiter de l'occasion pour m'arracher un signe d'étonnement. — Je n'ai pas besoin de vous rappeler comment vous vous y êtes pris.

Vous savez, puisque vous vous étiez arrangé de façon à m'observer, avec quel sang-froid j'ai pris la liasse de billets de banque, avec quel soin je les ai comptés, et de quel ton convaincu je me suis dit à moi-même :

— C'est bien, le compte y est !

Et je me suis rendormi.

Pourtant, c'était de l'invraisemblance au premier degré. On n'a jamais vu, que je sache, les billets de la Banque de France escalader les fenêtres comme font les voleurs ; et, par ruse ou par effraction, profiter d'un profond sommeil pour enrichir le monde de force.

Eh bien! quoique cela arrivât ainsi pour moi, je ne fus nullement étonné quand je trouvai une fortune sur ma table de nuit.

Vous avez eu la bonté d'appeler cela un phénomène. Point du tout, cher comte! c'était au contraire pour moi une chose toute naturelle. Il fallait que je fusse riche ou que je me tuasse ; je ne voulais pas mourir — donc je devais être enrichi. — Par qui et comment, je l'ignorais, cela n'était point mon affaire. — D'ailleurs j'avais en moi le vague pressentiment qu'un usurier, ayant ruiné beaucoup de familles, voudrait calmer la violence de ses remords en étant utile à un pauvre diable ; j'étais intimement convaincu qu'il me choisirait et me prêterait sur parole 100,000 francs que je devais lui rendre à mon temps perdu. Quand, donc, j'ai vu cette somme chez moi, j'ai considéré son arrivée comme une chose toute simple, ayant sa cause dans l'inexplicable loi du devant être, et je ne me suis pas plus inquiété que vous savez.

Quant à la somme, — après en avoir distrait une partie nécessaire pour me procurer quelque temps de tranquillité — pour le reste, je l'ai religieusement versé dans le tronc des mauvaises passions, ces charmantes compagnes de la jeunesse, comme dit Séraphin.

Après cela vous deviez croire qu'il était impossible de pouvoir m'étonner. Ceci me ramène au motif de mon arrestation.

Hier, après une absence de quelques heures, je rentrais chez moi, dans la petite maison que j'habite à Verrières. En cheminant, je caressais mon rêve habituel, le souvenir de cette charmante princesse allemande que j'ai rencontrée à l'Opéra il y a si longtemps. Il me semblait voir apparaître vaguement le fantôme de ma princesse, vision adorée, ayant tous les charmes de la réalité, la même blancheur de teint, la même langueur de regard, la même nonchalance d'attitudes et de gestes, et enfin les mêmes rubans bleus en collier et en bracelet. Comme je me demandais à moi-même par quelles combinaisons d'épopées hardies, je pourrais bien enlever ma princesse du couvent où des raisons d'Etat la retiennent captive, j'arrivai devant ma maison.

J'avais déjà introduit la clef dans la serrure, lorsque j'entendis un grand cri. Puis tout à coup une masse lourde tomba de la fenêtre de ma chambre à mes pieds. — Le corps dont la chute était venu troubler mes réflexions était un corps humain, et un rayon de lune glissant à travers les arbres m'ayant permis de distinguer l'être qui venait de se précipiter. — Je reconnus une femme.

Elle avait un collier et des bracelets en rubans bleus. Mon ami, j'ai été très-surpris, — je vous prie de m'excuser.

Tout à vous,

LAZARE.

DEUXIÈME LETTRE

A M. LE VICOMTE SÉRAPHIN, RUE DE PROVENCE, 7 BIS,
A PARIS.

POUR REMETTRE A M. LE COMTE DE SYLVERS.

Verrières-sous-Bois, dimanche matin.

Cher, je vous vois décacheter cette lettre et froncer le sourcil en reconnaissant mon écriture. Vous me taxez déjà d'imprudence et d'indocilité. Cependant, malgré la réserve que votre intérêt m'impose et dont notre liaison, justement réprouvée par le monde, me fait une inflexible loi, les circonstances sont telles que je ne puis m'empêcher de vous écrire. Mais vous voyez que j'agis avec circonspection. Le vicomte Séraphin vous remettra ce billet, que vous brûlerez aussitôt, comme vous avez dû faire de toute notre correspondance antérieure. Ainsi, je ne crains point de donner des armes contre vous à Mme de Sylvers, qui épie depuis si longtemps une preuve positive pour vous ruiner par le scandale d'une séparation juridique, en se faisant donner réellement la fortune imaginaire que vous lui avez généreusement reconnue par votre contrat de mariage.

Ici donc, il ne s'agit pas de moi.

J'aurais certainement bien des choses à vous dire, mes anxiétés, mes tristesses dans cette solitude, où m'ont confinée un éclat trop public. Je ne goûte qu'imparfaitement la beauté des sites animés et joyeux de Verrières. Cette nature si belle et souriante conserve une sérénité silencieuse qui insulte à nos sentiments tumultueux aussi cruellement que les éclats de la joie la plus insolente. L'oubli pèse sur moi. Je me sens seule et délaissée. Vous êtes à Paris au milieu du luxe et des fêtes. Pensez-vous quelquefois à votre pauvre Marie? Vous en laisse-t-on le temps?

Pardonnez-moi cette question, Antony! Vous vivez dans un monde d'audacieuses féeries. Vos amis sont d'intrépides lutteurs qui ont forgé pour leur poitrine le triple acier de l'égoïsme, de l'ambition et de l'incrédulité.

Qu'est-ce qu'une femme pour eux, qui ont toutes les femmes? Qu'est-ce qu'une de mes larmes pour eux, qui se sont volontairement desséché les paupières? Qu'est-ce qu'une plainte pour eux, ces égorgeurs exquis de tout ce qui est jeune, pur et croyant?

Je suis fière de vous, Antony, car vous êtes fort. Combien de rudes assauts ont-ils livrés à notre amour! Par combien de catapultes toutes chargées d'épigrammes acérées n'ont-ils pas tenté de détruire notre bonheur! Vous avez résisté, et j'ai confiance, Antony. Cependant, une voix perfide me crie incessamment : « T'aimera-t-il demain? »

Oui, vos amis sont de terribles compagnons, Antony; ils font volontiers de la plaisanterie comme Ribeira tenta de faire de la peinture avec — du sang. Et si je vous écris, c'est qu'un de ces jeunes gens redoutables, et si renommé, que je connais ses moindres actions sans l'avoir jamais vu, si ce n'est un soir à l'Opéra, vient de mettre Verrières en émoi et d'attirer ici tous les gendarmes du département.

Je vis fort retirée; mais rien au monde ne saurait empêcher ma femme de chambre d'entrer en conversation réglée avec les gens du voisinage, ni de raconter le soir, en me coiffant pour la nuit, ce qu'elle a recueilli de plus intéressant. Or, le merveilleux ne manquait point dans les récits de Julie.

A quelques pas de ma maison s'élève un chalet tout à fait alpestre, élevé sur des morceaux de roc et entouré d'épais rideaux de mélèzes, ces arbres singuliers qui ressemblent à des chapeaux chinois. C'est là que demeure un poëte bizarre jusqu'à la folie, et mille fois plus excentrique que lord X.

J'ai nommé votre ami Lazare.

Il courait à Verrières toutes sortes de bruits sur son compte. On le croit un peu bandit des Abbruzzes, jeteur de sorts, malandrin, sorcier, faux-monnayeur ou vampire. Avant trente ans, il sera devenu le héros d'une belle et bonne ballade à faire pâlir la chanson de Cazotte. Jugez-en d'après l'horrible histoire que je vais vous raconter succinctement, et dont je ris encore, tant votre ami, dans les rôles dramatiques, possède la superbe tranquillité et l'inaltérable sérénité d'âme qui distinguent les acteurs de tragédie.

Hier soir vers dix heures, comme j'allais m'endormir, Julie est entrée toute effarée dans ma chambre en s'écriant :

— Madame, madame, on vient d'assassiner une

femme dans le chalet. C'est notre voisin le vampire qui a fait le coup!

Là-dessus, je me suis levée; j'ai mis à la hâte mon grand peignoir garni de witchoura; je me suis enveloppée dans ma pelisse; et escortée par Julie et par le cuisinier, je me suis bravement acheminée vers le lieu de la catastrophe.

Tout Verrières était en rumeur. Les paysans arrivaient de tous côtés avec des fourches, et des lanternes brillaient dans les profondeurs du bois, pareilles à des lucioles.

En arrivant au chalet, j'ai trouvé M. Lazare qui roulait une cigarette sans s'inquiéter des rumeurs menaçantes de la foule, ni des interrogations de M le maire, qui, froissé dans sa dignité, entrechoquait avec fureur son énorme paire de sabots.

— Monsieur, monsieur, criait le premier et le seul magistrat de Verrières; comment vous nommez-vous?

— Qu'est-ce que ça vous fait?

— Vous êtes un insolent.

— Vous êtes une brute.

— Si vous refusez de décliner votre nom, c'est que vous êtes un forçat libéré. Qui sait? peut-être même en état de rupture de ban.

— Monsieur le maire, puisqu'il faut parler, je vais me faire connaître à vous : je suis Jean-Éléonore Trimalcyon, capitaine au premier des chasseurs de Luckner, en ce moment en congé chez monseigneur l'évêque de Versailles, mon père naturel.

— Scélérat! s'écria le maire épouvanté, vous osez blasphémer devant le cadavre de votre victime....

Et seulement alors je m'aperçus qu'aux pieds de M. Lazare, sous la balustre du chalet, gisait une femme évanouie, souillée de poussière et de sang, et dont personne ne s'inquiétait pas plus que d'une morte.

Le fait est que cette pauvre femme ne donnait plus signe de vie. Ses magnifiques cheveux noirs couvraient comme un linceul sa figure aussi pâle qu'un rayon de la lune.

Je ne me suis plus occupée que d'elle. Je l'ai fait transporter chez moi. On l'a couchée dans mon lit. Le médecin de Verrières, un digne homme appelé Lebidois, a porté les premiers secours. La belle inconnue, car elle est belle, est trop faible encore pour me donner l'explication des événements de cette nuit sinistre.

Mais tout ce que je puis vous dire, c'est que

M. Lazare est en prison à Versailles, où il a été conduit sous bonne escorte, et qu'il doit avoir grand besoin de votre présence et de l'appui de votre nom. Il paraît qu'on l'accuse d'avoir jeté par la fenêtre cette malheureuse femme, et l'on ne s'explique qu'à l'oreille sur les motifs qui l'auraient poussé à un si terrible attentat. Vous voyez que l'affaire est grave. Accourez donc vite, et tâchez de passer quelques heures auprès de

  Votre amie,

    Marie D'ALTON.

TROISIÈME LETTRE

A MADEMOISELLE LEJEUNE, ARTISTE DRAMATIQUE,
59, BOULEVARD DU TEMPLE.

Verrières, dimanche soir.

O Blanche! Blanche! Ta Louisa se jette dans tes bras en pleurant. D'où cela? me diras-tu, mon ange. Figure-toi que je suis dans un pays fantastique, un pays situé plus loin qu'Alger, je crois! Enfin, ça s'appelle Verrières! — Les cabriolets vous y mènent, mais comment!

Je te parle à tort et à travers, aie pitié de ma pauvre tête. Aime-moi surtout!

Tu te rappelles de ce temps où nous n'étions pas encore des écuyères du Cirque, et où nous gagnions à la Gaieté trente francs par mois chacune. C'est l'é-

poque où je faisais dans le mélodrame de M. Anicet
ce fameux combat au sabre qui a fait ma réputation.
Nous n'avions à nous deux qu'une pauvre chambrette, et tout en commun! Eh bien! les soirs où
tu ne jouais pas et où je rentrais triste, abattue,
ayant fait four, four affreux de scène et d'avant-scène, je me jetais dans tes bras en te disant :
Aime-moi, aime-moi, j'ai bien besoin d'être aimée
ce soir. Eh bien! mon ange, je te crie cela de Verrières avec un profond désespoir et bien de l'ennui,
va!

Écoute en un mot mon histoire. Il y a deux
jours que tu ne m'as vue ; sais-tu pourquoi?
Apprends donc que depuis un an je te mens sur
toutes mes amours !

Voici la vraie vérité : j'aime, j'idolâtre Lazare !
Oui, ma mie, ce farouche Lazare dont nous nous
sommes tant moquées, et auprès de qui le sauvage
Hippolyte est un Bressant! Ce que j'ai joué de rôles
à tiroir pour avoir le droit de me mettre à genoux
devant ce monstre de cruauté, et de lui dire : « Je
t'aime! fais de moi ta servante, » c'est incalculable.
Enfin, Blanche, pèse ce que ce mot a d'effrayant
dans ma bouche : j'y avais renoncé ! Mais les railleries du comte Antony et de Séraphin m'ont
poussée à bout, ou plutôt m'ont rappelée à moi-

même. Croirais-tu qu'ils ont osé me défier, moi?

Ah! l'on me défie! — Cela m'a fait de la peine, mais j'ai écorché le duc jusqu'au vif, ce pauvre vieillard qui m'aime jusqu'à pleurer quand je m'ennuie! Je n'ai pas voulu me souvenir de sa fortune, mangée pour moi; je n'ai eu pitié de rien, ni de sa gêne, ni de ses cheveux blancs, ni de son désespoir. J'ai forcé cet excellent ami, cet amant dévoué à implorer encore une fois sa fille, qui lui a jeté cent mille francs avec une froideur à faire rougir son front pour toujours.

O Blanche! J'ai acheté du velours, du damas, de la dentelle, de la guipure, des bijoux de Feuchère et de Froment-Meurice, et je suis arrivée ici prête au combat et éblouissante de parure, comme Judith. Je savais comment m'introduire chez Lazare. Ma chère, ce sauvage, qui ne veut aimer personne, se fait aimer d'un coup d'œil. Oui, Blanche, il est adoré comme devraient l'être seulement les rois et les femmes. Aussi a-t-il à son service un de ces êtres qui manquent à beaucoup de princes régnants, parce que les princes régnants ne savent plus leur plaire; un véritable Mascarille nommé Théodore, un valet de la grande école, capable de voler un convoi de chemin de fer pour faire réussir une intrigue amoureuse. Naturellement, je me suis entendue tout de suite avec ce charmant garçon qui comprend tout et qui touche l'or aussi gracieusement que M. de Rothschild. C'est ce Théodore qui m'a cachée chez Lazare avec tous mes oripeaux ; c'était très-facile ; Lazare passe toute sa journée dans les bois. Je me suis parée avec mes plus beaux habits, et j'ai mis tous mes bijoux. J'avais un collier et des bracelets en simples rubans bleus. Il y avait là-dedans pour six francs de ruban, mais cela vaut bien les cent écus que cela m'a coûté. Puis enfin, lorsqu'en me regardant au miroir je me suis trouvée belle comme le soleil et la nuit ensemble, voilà l'audace que j'ai eue :

A la nuit, quand Lazare est rentré, il m'a vue à la fenêtre et je lui ai crié : Lazare, je t'aime ! Puis je me suis élancée et je suis tombée à ses pieds en exécutant ce terrible saut périlleux en arrière qui a tant effrayé Mlle Carlotta Grisi, le jour qu'elle m'a fait l'honneur de venir me voir au Cirque. (J'avais eu soin d'ensanglanter mes habits à l'avance.)

J'espère que j'avais trouvé, ou jamais, un moyen de me faire aimer ! Mais, bah ! Voilà *tout le village* qui arrive aux cris de quelques imbéciles que je n'avais pas aperçus. Tu comprends quelle scène cela a fait; on accuse Lazare de m'avoir tuée, et il est en prison. Je ne puis pourtant pas dire à tous ces comparses que je suis venue jouer ici une pantomime à grand spectacle. Et d'ailleurs, qu'on fasse ce qu'on voudra de lui s'il ne veut pas m'aimer!

Ma chérie, la scène du peuple n'était pas seulement aussi bien montée qu'à la Gaieté. Il n'y a pas de plaisir à jouer la comédie dans ce pays-ci. Cependant, je veux un succès, et je l'aurai, quand même je devrais employer les grands moyens. Oui, je veux que Lazare, épris, éperdu, me ramène à son bras dans Paris, et pose avec moi en loge devant Antony et Séraphin le jour de la première représentation de l'opéra de Meyerbeer!

Ah! Figure-toi que j'ai été recueillie par une espèce de pie-grièche qui n'est ni honnête ni danseuse, ni chair ni poisson. Mon ange, j'ai couché dans le lit de cette créature, et j'allais la trouver assez jolie, quand j'ai appris d'elle-même un secret qu'elle ne sait pas, la sotte! A l'effroi que lui a causé l'arrestation de Lazare, à son trouble, j'ai vu... comment te peindre l'horreur de cela?

Elle aime Lazare!!!

Comme je vais la retourner! Je ne donnerais

pas un vieux cachemire de sa vie, à cette dame, si elle veut jouer ce jeu-là avec

Ta LOUISA.

P. S. — Il y a ici un médecin nommé Lebidois qui est vert-pomme, qui croit à ma tête fendue, et qui me la soigne avec des tisanes. Hein? — A demain.

QUATRIÈME LETTRE

A M. OLIVIER DE BESSE, A ECHANDELIS
(PUY-DE-DÔME).

Verrières-sous-Bois, 21 juin 1846,
minuit.

Cher vieux, tu es à présent perché au sommet des plus hautes montagnes d'Auvergne, au milieu de tes bons parents; et ma lettre te trouvera sans doute battant tes chiens ou fumant stoïquement ta belle pipe brune.

J'espère que la chasse, la solitude des bois et les formes grimaçantes des rochers de granit ne t'ont pas fait complétement oublier ton bon ami Valentin. — Tu dois te rappeler qu'il y a un mois, quand tu vins avec toute la bande me conduire jusqu'à la barrière de Fontainebleau, tu me fis jurer,

r une bouteille de rhum, de t'écrire tout au long
journal de mes aventures de voyage. Alors, je
nsais bien peu à tout ce qui m'arriverait — je
us embrassai tous, puis, faisant tournoyer avec
ânerie ma canne de houx, je jetai un regard d'un
épris comique sur l'ingrate patrie qui laisse
ourir de faim son espoir, ses enfants, ses artis-
s; et je pris en chantant la route du Bourbon-
ais, emportant dans ma boîte à peindre de quoi
éaliser tous mes rêves de gloire et de fortune.

Après quelques jours de marche j'arrivai à
Ioulins, sans qu'aucun accident curieux fût venu
ompre la monotonie d'une course de quatre-
ingts lieues. A Moulins seulement commence le
ataclysme d'événements dont je t'ai promis la
dèle relation.

D'abord les braves Moulinois ne m'ont pas reçu
omme je l'espérais. — Les traditions grecques
n'ont pas encore pénétré dans leurs belles montagnes. Le lendemain de mon arrivée j'ai entendu le
tambour de ville, cette affiche verbale, annoncer à
quelques gamins en gros sabots que :

« *Monsieur Romain Chomet, charpentier à Aigue-*
perse, prie le public de ne pas faire crédit à
Virginie Duchemin, son épouse, restant chez
son père, à Vitry-sur-Serre. »

Il ne fut pas autrement question de moi. Tu sais aussi mon portrait aux trois crayons, encadré de citronnier, à filet de palissandre. Je l'avais exposé dans la salle à manger de l'hôtel du Soleil-d'Or. Placé en pleine lumière, flanqué à droite d'un portrait du général Rapp à la manière noire, et à gauche d'un épisode des amours de Roméo et Juliette, il devait produire l'effet le plus avantageux. Eh bien! mon cher, l'opinion générale a été que les cheveux et la bouche rappelaient Napoléon. Quant au front et aux yeux, c'était à ne pas s'y tromper, le front et les yeux de M. Cazeneuve, ancien directeur du grand théâtre de Moulins. Il ne leur restait plus qu'à trouver que j'avais la barbe plantée comme Marie Stuart ou Catherine de Russie. Enfin personne ne m'a reconnu, moi, le peintre, PORTRAIT DE L'AUTEUR. Les sauvages !...

J'eus de suite assez d'un pays où l'on interprétait le portrait d'une façon aussi étrange. J'allais revenir à Paris, reprendre ma chaîne et recommencer mes tentatives amoureuses auprès de la belle Louisa, — tu sais, cette actrice du Cirque dont j'ai toujours dans la tête les jambes gravées en lettres d'artifice, lorsqu'un prud'homme de Moulins, M. Léonard Perdrizeaux, séduit par mes titres d'exposant, de médailliste et d'élève de l'école royale des Beaux-

Arts, est venu me demander son portrait, mais à des conditions inimaginables. M. Perdrizeaux ayant les deux funestes passions d'adorer la tragédie et d'absorber plus de tabac que trois douairières et deux Suisses, a voulu se faire peindre en costume de Romain, et avoir dans un coin du cadre, placée adroitement sur le bord d'un meuble, une affreuse tabatière de buis sculpté. J'ai combattu longtemps ce projet ridicule, mais voyant que mon prud'homme n'en démordrait pas, et ayant grand besoin d'argent, j'ai consenti à tout. J'espérais bien partir avant l'exposition de cette caricature, mais je comptais sans mon enragé Perdrizeaux. Il avait à peine son portrait depuis une heure, que ses amis et les amis de ses amis en parlaient déjà et faisaient des gorges chaudes dans tous les cafés de la ville, et l'on n'épargnait ni le peintre ni le modèle.

Cette déplorable histoire me rendit fou furieux. Je trépignai sur mes toiles, je crevai mon sac, je cassai mon portrait; je crois que, dans ma colère, j'eusse tué quelqu'un dans l'hôtel, quand je me rappelai à temps notre brave et bon ami Alexandre Rigaud, qui, tu le sais est retiré à Verrières, où il vit tranquillement d'une petite pension de deux mille francs. Je me souvins qu'à des époques d'échéances il m'avait engagé à venir près de lui oublier les intrigues d'atelier et laisser passer ces tempêtes périodiques des 15 et des 30 de chaque mois. En un instant, j'ai eu fait mon sac, et après six jours de marches forcées, je suis arrivé dans la nuit de vendredi dernier à Verrières, où j'ai trouvé Alexandre qui m'a reçu avec cette bonhomie que tu lui connais. Nous avons passé toute la nuit à causer de nos amitiés, de nos misères et de nos amours. Je l'ennuyais depuis une heure à dérouler tous les projets de séduction que je méditais à l'endroit de la belle et cruelle Louisa, quand Rigaud m'a répondu une chose qui surpasse pour moi tous les caprices et toutes les féeries imaginables. Louisa est ici! Il y a deux jours Rigaud l'a vue entrer dans un chalet habité par M. Lazare — un fou, un original qui vit plus souvent dans les bois que chez lui. Serait-elle la maîtresse de cet homme? Nous avons longtemps cherché par quel moyen on pourra s'introduire dans la maison. L'entrée du jardin des Hespérides est à celle du chalet mystérieux de Verrières, ce que la grille du Luxembourg est à la porte d'une ville en état de siége. Après avoir débattu vingt projets ridicules, nous nous sommes arrêtés à l'idée de me présenter sous le costume d'un médecin qui, venant s'établir pour quelques jours à Verrières, va faire des visites et donne son adresse dans toutes les maisons importantes de l'endroit. Personne dans ce pays ne peut contester mon identité. Je suis arrivé la nuit, et Rigaud est le seul qui connaisse la véritable profession de son commensal.

J'ai dû pour quelque temps renoncer à mon nom de Valentin Raynal pour prendre celui de Lebidois. Il est suffisamment ridicule, n'est-ce pas?

J'ai rasé mes moustaches. J'ai retrouvé au fond de ma malle cette vieille perruque blonde que nous pêchâmes un soir chez un voisin de la rue des Boucheries. Je m'en suis affublé. J'ai avec cela un habit vert-pomme, court de taille et long de basque, qui rappelle en tout point l'habit-bibliothèque du célèbre philosophe hyperphysique que tu connais; j'ai conservé mes gros souliers de voyage, et me voilà Lebidois, D. M.

Le lendemain nous nous sommes promenés par tout le village. Rigaud me présentait à chacun comme un médecin plein de mérite et d'avenir. Tout le monde prenait mon déguisement au sérieux, je venais d'être parfaitement reçu dans deux ou trois grosses maisons de l'endroit, je crus qu'il n'y avait plus qu'à se présenter au chalet pour pénétrer auprès de Louisa. Mais à peine avions-nous expliqué le but de notre visite à Théodore, le domestique de Lazare, qu'il nous répondit que M. Lazare était sorti, qu'il ne recevait jamais personne, et il nous jeta brusquement la porte sur le nez.

Le soir, à minuit, nous étions encore en train de forger de nouveaux moyens pour pénétrer dans la place, quand est arrivée une troupe de gens faisant un bruit d'enfer, criant au meurtre, à l'assassin, et on m'a conduit triomphalement chez un nouveau personnage dont Alexandre ne m'avait point parlé, Mme d'Alton, chez qui on a transporté Louisa, à la suite d'une scène jusqu'à présent inexpliquée. Lazare, l'homme des bois, est arrêté. On l'accuse d'avoir assassiné ma chère écuyère. Pendant qu'il réfléchit dans sa prison au moyen d'en sortir, je suis auprès de Louisa, qui fait la morte sur le lit de Mme d'Alton.

Tu juges de mon embarras, qui n'a heureusement duré qu'un instant. Je me voyais pris à mon propre piége, obligé de rajuster une tête que l'on disait horriblement mutilée. Mais, bast! je patauge en plein conte des *Mille et Une Nuits!* Louisa n'est pas plus blessée que moi, sa tête est aussi saine que la mienne. Comment n'est-elle pas vraiment malade? Pourquoi a-t-on arrêté Lazare? Qu'est-ce que tout cela veut dire? Je l'ignore complétement.

Je me suis fourré dans une intrigue qui paraît amusante. J'y prends un rôle que je jouerai jusqu'au bout. Je réussirai, ou l'on me flanquera à la porte.

Je ne sais de quelle manière finira la comédie; pour le moment, j'examine avec le plus grand sang-froid le bon état dans lequel se trouve la tête de ma malade. Je la surprends souvent mordant ses draps pour ne pas m'éclater de rire au nez, surtout quand je lui dis d'une voix magistrale : C'est grave, très-grave; il faudra du temps, beaucoup de temps et les plus grandes précautions. Buvez des infusions de mauve, rien que des infusions de mauve. Louisa ne paraît pas revenir de mon ignorance, et mon costume n'est pas fait pour lui révéler des intentions de séduction. J'aurais déjà lancé par la fenêtre mon horrible perruque blonde, sans la présence continuelle de Mme d'Alton.

Il y a à peine un jour que je suis le médecin de la maison. Je n'ai pu résister cette nuit au besoin de bavarder avec toi.

J'espère que cette intrigue jettera un peu de gaieté dans ta vie monotone de montagnard. Je te tiendrai au courant des événements. Adieu.

VALENTIN RAYNAL.
8.

CINQUIÈME LETTRE

A M. LE COMTE ANTONY DE SYLVERS.

Prison de Versailles, dimanche soir.

Enfin, mon ami, me voilà rentré dans mon état normal. Il était temps, car j'étouffais au centre de cette vie banale, réglée et dénuée d'imprévu, que je menais depuis quelque temps. Mais voici que tout est changé, le démon de l'imbroglio est venu à mon secours, et j'espère qu'il va un peu accidenter le chemin que je dois parcourir.

Et d'abord, mon ami, je suis dans les fers, comme vous devez bien vous en douter. J'ai été amené de nuit à pied par des gendarmes légèrement teintés de littérature. Le brigadier était classique et m'a beaucoup amusé.

Enfin, je suis arrivé et l'on m'a écroué. Où étais-je? Au Spitzberg, à Pignerol ou au mont St-Michel? Je l'ignorais.

Jusqu'au matin, on me laissa dans une chambre où se trouvait une table et une chaise. Je me suis assis et j'ai commencé par remercier mon bon génie le hasard qui m'avait amené là où je n'avais jamais mis les pieds.

Enfin, me disais-je, je vais donc connaître les délices de la captivité, les voluptés du pain noir et de l'eau croupie, les charmes de la geôle et tout ce lyrisme dont s'abreuvèrent à loisir Sylvio Pellico, Latude et le baron de Trenck.

Hélas! mon ami — vain espoir! — Pourtant, je comptais bien qu'on imaginerait pour moi des rigueurs inédites. Car mon arrivée dans la citadelle avait déterminé dans la ville un grand remue-ménage, et il était évident que l'on me considérait comme un prisonnier d'importance, car je vis de ma fenêtre un imposant appareil de force armée se dérouler aux alentours du lieu d'esclavage.

Ce n'est pas pour un criminel de 3ᵉ ordre qu'on met 3,000 hommes sous les armes et qu'on fait avancer les canons, comme je pus le voir de ma fenêtre.

Diable! pensai-je, me prend-on pour un prétendant, ou bien a-t-on découvert que j'ai assassiné Henri IV? Heureusement, je puis fournir les preuves de mon innocence. Et j'attendis qu'on vînt me charger de chaînes.

Le lendemain matin, sur les huit heures, le directeur de la prison — un manuel de civilité en chair et en os — vint me rendre visite et m'annonça qu'on allait me conduire dans le lieu qui m'était destiné.

— Bon, dis-je en moi-même, il n'ose point dire cachot, et je suivis le directeur ainsi qu'un homme que je reconnus à son trousseau de clefs pour être le geôlier.

On m'introduisit dans un joli salon élégamment meublé. Les fenêtres étaient fermées par d'amples rideaux de damas — une charmante précaution qui cachait les barreaux. Un joli meuble style Louis XV décorait cette pièce, ornée de glaces et de tapis. Sur la cheminée de marbre blanc, une artistique garniture en bronze florentin, d'après des sujets antiques, mettait en valeur un beau groupe en bronze de même style, et dont le socle en marbre formait pendule, — une pendule en prison, le soleil pour un aveugle ! — Dans les angles de cette pièce, je remarquai aussi un très-beau divan, et plusieurs autres instruments de paresse et de rêveries, perfectionnés par le comfortable moderne.

Ce directeur est un homme de goût, pensai-je en moi-même; cet ameublement est fort bien choisi, je n'aurais pas mieux fait. Seulement, il est peu charitable à mes bourreaux de me faire passer au milieu de tout ce luxe. Je n'en trouverai que plus humide et plus noire la paille et l'obscurité de mon cachot.

— Monsieur, me dit le directeur en s'inclinant devant moi — vous êtes chez vous.

— Comment! répondis-je?

— Oui, répliqua-t-il, tels sont les ordres que je viens de recevoir. Et il ajouta en me désignant une sonnette : Si vous avez besoin de quelque chose, vous pouvez appeler.

Au même moment, j'entendis résonner au dehors une symphonie militaire.

— Qu'est-ce? demandai-je à mon introducteur.

— C'est, me répondit-il, la troupe de la garnison qui va à la revue, et fait en passant un peu de musique aux pauvres prisonniers.

Et on me laissa seul.

— Hélas! mon ami, de quelle chimère m'étais-je bercé. Toute cette force militaire, cette cavalerie, cette artillerie que je supposais chargée à mitraille, ce n'était point pour moi qu'on les avait tirées des arsenaux et des casernes, et ma vanité seule m'avait fait supposer qu'on me rendait les honneurs du bronze et de l'acier.

Au bout de cinq minutes de solitude, ne pouvant croire sérieusement que je devais habiter ce somptueux salon, je tirai le cordon de la sonnette, et l'homme qui m'avait introduit avec le directeur se présenta.

— Monsieur désire quelque chose? demanda-t-il en soulevant sa casquette.

— Oui, répondis-je, qu'on m'apporte mes chaînes et qu'on me mène dans un endroit fétide. Puisque je suis prisonnier, j'ai droit aux menottes et au carcan.

— Oh! Monsieur, me répondit le geôlier avec une profonde mélancolie, il n'y a plus de menottes depuis la Bastille. Autrefois, il y en avait encore, mais la chambre des députés les a supprimées; il n'y a plus de menottes. — C'est un malheur pour les pauvres geôliers, parce que les menottes, voyez-vous, c'était un bénéfice; les condamnés nous donnaient de l'argent pour qu'on leur desserrât les mains... Mais la chambre des députés... Autrefois, c'était le parlement... Enfin, on a supprimé les menottes. C'est un malheur pour les pauvres geôliers.

— Cependant, répondis-je, en payant ne pourrais-je pas obtenir des chaînes et un cachot?

— Impossible, Monsieur, il n'y a plus de cachots, presque plus.

— Mais alors, où suis-je?

— Vous êtes en prison, me répondit mon geôlier en me laissant seul.

Il n'y avait plus de cachots, plus de menottes, plur de carcan. Ah! mon ami, la civilisation étend sa lèpre partout. Les prisons deviennent des lieux plus somptueux que l'hôtel des Princes, et à prix d'or il est impossible de s'y procurer du pain noir.

— Mais alors, me demandai-je, pourquoi ces grands murs, ces sentinelles dont la vigilance est toujours en alerte? Pourquoi ce luxe de verrous? À quoi servent ces geôliers avec leur barbe, et leurs trousseaux de clefs qui les font ressembler à saint Pierre, à quoi bon tout cela?

La simple logique répondait à cela. Les geôliers ressemblent à saint Pierre parce que les prisons sont devenues des paradis dont ils gardent l'entrée. Les grands murs, les grilles, les verrous et les sentinelles n'existent pas pour empêcher l'évasion, mais au contraire pour prévenir l'escalade du dehors; car il ne doit point se passer de jour, ou plutôt de nuit, sans qu'on ne surprenne des gens en flagrant délit d'ascension. Ces tentatives ont même été quelquefois couronnées de succès, et on cite jusqu'à deux individus qui à l'aide de leurs chemises et de leurs bretelles liées en cordes sont parvenus, soit par adresse ou par corruption, à s'introduire dans cet alhambra qu'on appelle une prison.

Cependant vers le milieu de la journée, comme je commençais à m'ennuyer, il me vint à l'idée d'employer cette distraction classique qui consiste à élever des araignées ; mais après quelques recherches de ces industrieux insectes, je fis la réflexion qu'il ne leur était pas possible d'établir leurs Gobelins sous les lambris de ma somptueuse demeure.

Hélas ! pensai-je, où va le monde — il n'y a plus d'araignées. Les philanthropes ont poussé la barbarie jusqu'à retirer aux captifs la consolation de pouvoir tromper l'ennui de l'esclavage avec un être intelligent qui sache compatir à ses maux.

Vivement contrarié, je sonnai de nouveau mon geôlier, qui accourut en toute hâte pour prendre mes ordres.

— Mon ami, lui demandai-je, ne serait-il pas possible de me procurer une araignée ?

— Très-bien, fit-il en sortant, et cinq minutes

après il m'apportait une petite pancarte ainsi conçue;

Pour la commodité de MM. les criminels, ils peuvent se faire servir à déjeuner dans leur *appartement*, on se charge de leur apprêter huîtres, côtelettes, beefteacks, et généralement tout ce qui serait commandé; on trouve également dans la prison des vins de toute qualité.

N. B. Il est défendu d'en faire un abus immodéré.

Dans l'écrou ne se trouve pas compris le service de l'appartement; quant au décrottage des effets et chaussures, ce sont les profits de ceux qui les font. On ne taxe point MM. les criminels. C'est à leur générosité et satisfaction.

Il est absolument défendu de faire coucher quelqu'un avec soi; il est également défendu de chanter, de jouer d'aucun instrument, d'assassiner les geôliers ou de se sauver de la prison avant d'en avoir demandé la permission au directeur.

CARTE DES DISTRACTIONS.

Une souris blanche apprivoisée.	5 fr.	» c.
id. sauvage	3	50
Une araignée apprivoisée.	4	»
id. sauvage.	2	25
Le ménage	8	»
Un casoar.	50	»

Ces prix varient suivant la saison.

On traite de gré à gré pour les lézards, cochons d'Inde et autres animaux amis de l'homme. — Pour ne pas attendre, on est prié de commander d'avance les animaux féroces.

Graine de *Picciola*, avec la manière de s'en servir, 1 vol. in-8°, par M. X.-B. Saintine.	7	50

BIBLIOTHÈQUE.

OEuvres de *Lord Piron,* par M. de Voltaire.
Zaïre, tragédie,   —   id.
Le 2ᵉ volume d'*Un bon enfant,*   id.
Le 1ᵉʳ volume du *Smogler*
    d'*Ambleteuse,*   id.
Code civil français,   id.
Règle du Jeu de Piquet,   id.

Tous ces volumes se louent à raison de 50 c. par jour.

— Ah çà! demandai-je après avoir lu ce bizarre programme, qui est-ce qui vous a rédigé cette carte-là?

— C'est un journaliste républicain qui a été mon pensionnaire pendant quelques jours. Ces divers objets me rapportent quelques bénéfices, mais ça ne vaut pas les menottes... A propos, qu'est-ce que monsieur désire?

— Apportez-moi une araignée... répondis-je.

— Comment monsieur la désire-t-il, sauvage, ou apprivoisée?

— Apportez-la moi apprivoisée, je m'amuserai à la rebarbariser. — C'est une expérience!

— Je tiens également des noix de cocos pour faire des paniers, de la tresse pour chaussons : car nous avons ici des assassins qui font tout ce qu'ils veulent de leurs mains. J'ai aussi des poissons rouges et des livres pour les personnes studieuses, ajouta mon geôlier.

— Oui, lui dis-je, vous avez les œuvres complètes de M. de Voltaire, à ce que je vois.

— Un grand auteur, Monsieur : le plus grand auteur du monde, à ce que je me suis laissé dire. Monsieur désire-t-il un de ses ouvrages? Ils sont tous dans ma bibliothèque.

— Non, pas maintenant, apportez-moi d'abord mon araignée.

Au bout de quelques instants, mon geôlier rentra en m'apportant ce que je lui avais demandé.

— Voici la bête, me dit-il, je vous l'ai choisie. Elle a reçu beaucoup d'éducation. C'était l'amie intime d'un homme bien affable, qui est mort... sur l'échafaud, il y a huit jours : Ah! Monsieur, j'oubliais, quand vous vous ennuierez je pourrai vous raconter mon histoire, c'est dix sous l'heure le jour et un franc la nuit.

— Pourquoi cette différence?

— Ah! Monsieur, me répondit le geôlier, c'est que la nuit mes aventures paraissent plus noires

Et il me quitta.

Quand je fus seul, je m'amusai à regarder la bête qui devait partager ma captivité. Elle était allée se poser sur un bouquet qui ornait ma cheminée, et souillait de son contact une hyacinthe printanière dont le calice commençait à s'ouvrir : j'ai toujours aimé les fleurs, les fleurs bleues surtout, couleur de ma princesse : aussi, les caresses de l'araignée me rendirent furieux. Je courus à la cheminée, je pris l'odieuse bête entre mes doigts, je la posai sur le parquet, je l'écrasai doucement sous le talon de ma botte.

Elle mourut sans pousser un cri.

Je rappelai le geôlier.

— Contez moi votre histoire, lui dis-je.

— Monsieur, me dit-il, permettez-moi de fermer les volets ; nous imiterons la nuit, et ça sera plus effrayant.

— Faites la nuit, répondis-je.

— Monsieur sait que c'est plus cher.

— Allez donc.

Quand il eut clos les volets, mon geôlier s'assit près de moi, et commença ainsi :

— Monsieur, il y a vingt-deux ans, j'en avais vingt-cinq et j'habitais Moulins, dans le Bourbonnais. Je demeurais chez mon oncle qui m'apprenait son état de bourrelier, et j'étais très-amoureux d'une actrice que j'avais vue un dimanche où j'étais allé à la comédie des acteurs ambulants. Le lendemain et puis tous les autres jours, je retournai au spectacle, mais ce n'était plus pour la pièce, — c'était pour l'actrice.

— Quelle actrice?

— Louisa, Monsieur, la plus jolie fille du monde. Quand elle était en scène, elle reluisait comme le quai des Orfèvres. Bref, je devins amoureux de Louisa; et pour devenir son amant, je sacrifiai toutes mes économies.

Une nuit, comme je frappais à la porte de Louisa, j'entendis un bruit singulier dans sa chambre, et elle fut quelque temps avant de m'ouvrir. Je l'aimais tant cette femme que je ne soupçonnais pas une tromperie. — Ah! les femmes, c'est l'image de la fausseté sur la terre, comme disait Brutat.

— Qu'est-ce que Brutat?

— Un ami à moi. Il a été guillotiné en 29. — Cette nuit-là comme les autres, je restai près de Louisa; mais comme au petit jour je m'apprêtais à m'habiller, j'éprouvai quelque difficulté à me revêtir de ma veste. Ne sachant ce que cela signifiait, je fis de la lumière et je m'aperçus que ma veste n'était pas ma veste : c'était celle de mon cousin Léonard Perdrizeaux, qui était aussi mon rival. Mon arrivée inattendue chez Louisa l'avait surpris, il s'était caché dans une chambre et avait voulu profiter de mon sommeil pour s'échapper sans être vu. Mais dans sa précipitation à se rhabiller, il avait pris mon vêtement pour le sien.

Cette preuve de la trahison de Louisa me mit dans une fureur horrible ; il s'éleva entre elle et moi une discussion très-vive, et comme elle persistait à se déclarer innocente, je lui ai donné un coup de couteau — le manche était bien joli.

Trois mois après, j'étais seulement condamné à dix ans de prison — vu les circonstances atténuantes.

Louisa n'était pas morte, Monsieur, et six mois plus loin, elle donnait le jour à une jolie petite fille qu'elle a juré être à moi, et qui par la suite est devenue une comédienne comme sa mère — vous l'avez peut-être vue dans les théâtres où il y a des chevaux. On m'a dit qu'elle faisait fureur — elle est venue me voir deux ou trois fois — mais nous ne sommes pas très-bien.

— Comment donc êtes-vous encore ici, demandai-je à notre geôlier en reconnaissant avec surprise qu'il était le père de notre ancienne amie, — la belle baladine.

— Hélas ! Monsieur, me répondit Perdrizeaux, — l'habitude est une seconde nature, comme disait Jacassat.

— Qu'est celui-là? demandai-je.

— Jacassain — un autre de mes amis — il a été exécuté en trente-trois — un bien bel homme.

— Donc, pendant dix années passées en prison, je m'étais fait à la vie de cellule et de verrous, et ne sachant où aller, j'ai demandé à être employé dans la prison. Alors, comme j'avais toujours fait preuve d'une bonne conduite et que le crime pour lequel j'avais été condamné n'était pas déshonorant, puisque c'était pour un bon motif — on m'a donné les clefs — et voilà comment je suis tout seul ici avec mes cheveux blancs.

— Mais vos parents ?

— Je n'ai plus que moi et mon cousin Perdrizeaux qui est à Moulins. — Ah! j'ai aussi ma fille Louisa, mais c'est une vilaine qui renie son père.

En ce moment, on appela mon geôlier dans un des corridors. Il sortit et me laissa seul pour rentrer un instant après, accompagné d'un personnage en robe noire.

C'était le juge d'instruction qui venait procéder à mon interrogatoire. Je lui racontai les faits tels que je les ignore, et il sortit après m'avoir dit qu'il reviendrait le lendemain.

Voilà où j'en suis, mon ami. — Comme on me laisse toutes les facilités pour écrire, je vous ferai savoir de mes nouvelles au cas où je pourrais avoir besoin de vous. — Si vous voyez mon ami S..., l'avocat, et qu'il ignore mon aventure, ne l'en instruisez pas. — Voilà deux ans qu'il cherche un client. Il voudrait plaider pour moi, et je crains son éloquence. Devant un tribunal de simple police, elle est capable de motiver la peine capitale.

Je vous prie, mon cher Antony, de me faire parvenir une petite boîte en écaille que vous trouverez sur mon secrétaire dans ma chambre à coucher de la rue Chauchat, où je l'ai oubliée il y a trois jours en allant à Paris. Cette boîte renferme un portrait — c'est celui que j'ai fait de souvenir, d'après ma belle princesse aux rubans bleus que j'ai vue à l'Opéra. Je ferme ma lettre, car je sens que ma plume est sur le chemin d'une élégie.

Tout à vous,

LAZARE.

SIXIÈME LETTRE.

LE COMTE ANTONY DE SYLVERS A SÉRAPHIN.

Versailles, mardi soir, 23 juin.

Depuis le procès du faux Martin Guerré, du chien de Montargis et de Lucien Rubempré, la justice n'a jamais mis la main sur une affaire plus embrouillée et plus horriblement grotesque que celle qui retient Lazare sous les verrous. Je me suis plu à lui faire raconter son aventure, à laquelle il ne comprend rien et que je me suis gardé de lui expliquer, comme vous pensez bien. On a interrogé sa prétendue victime qui, toute faible encore et violemment émue, a déclaré qu'elle ne se souvenait de rien. C'est demain qu'on la confronte avec Lazare. Ce sera gai.

En attendant, notre cher prévenu s'ennuie. Sa philosophie ne peut rien contre l'air étouffant de la prison. Il commence à prendre en horreur son salon damassé. Ses joues pâlissent, son moral s'altère. Je remarque une singulière perversion dans ses goûts. Ne m'a-t-il pas conté hier qu'il donnerait vingt francs pour entendre le son d'un piano? J'ai reculé d'étonnement.

Mais en voici bien d'un autre, Lazare prétend avoir reconnu sa princesse et les fameux rubans bleus qui l'avaient tant séduit à l'Opéra. Or, il paraît que c'est de toi qu'il tient le nom de cette belle personne, et comme Lazare refuse de me le confier, tu me ferais un vrai plaisir de me l'écrire dans ta prochaine lettre.

Maintenant, j'arrive à des faits qui me touchent de plus près. Tu sais combien j'avais hâte d'embrasser cette pauvre Marie, que les exigences sociales m'ont forcé d'éloigner. De plus, j'étais piqué par l'aiguillon de la curiosité, et j'étais curieux d'assister à la charmante comédie que joue la splendide Louisa, agonisant tant bien que mal dans le lit de Marie. J'ai donc couru à Verrières. J'ai été reçu par la femme de chambre qui m'a barré le passage. Oui, mon ami, Julie m'a déclaré positivement que sa maîtresse ne voulait voir personne. J'ai prié, supplié, menacé, je me suis emporté jusqu'au point de faire scandale. Tout a été inutile, et j'ai dû me retirer sans avoir vu Marie.

Qu'est-ce que cela veut dire? Je me perds en conjectures.

Après m'avoir sacrifié sa réputation, sa fortune, son avenir, Marie cesserait-elle tout à coup de m'aimer? Cela n'est pas croyable. M'aurait-on desservi auprès d'elle? C'est à cette idée que je m'arrête définitivement. Mon cher ami, tu connais tout le monde à Paris. Cherche dans les jeunes gens de notre cercle, examine, réfléchis, quelqu'un des nôtres n'est-il pas amoureux de Marie? Tâche de saisir les fils de l'intrigue que j'entrevois, et agis comme pour toi. Il s'agit de me rendre la femme la plus aimée et la plus digne de l'être. Mme de Sylvers m'a rendu assez malheureux pour que je puisse désormais espérer le bonheur autre part qu'en dehors de mon ménage. Si je perds Marie, je perds tout à la fois.

Lazare te serre la main, et moi je me dis pour toujours

Ton ami dévoué,

Comte ANT. DE SYLVERS.

P. S. — Pressé que j'étais de me rendre à Versailles, j'ai oublié une recommandation pressante de Lazare. Il faut donc que je te transmette ses instructions. Va chez lui, rue Chauchat, à son petit appartement, et si la justice n'y a pas fait encore apposer les scellés, tu trouveras sur le secrétaire une boîte en écaille que tu m'enverras enveloppée avec le plus grand soin. Je viens d'écrire à Marie.

A. DE S.

SEPTIÈME LETTRE.

LE VICOMTE SÉRAPHIN A M. LE COMTE ANTONY DE SYLVERS, A VERSAILLES.

Mercredi, 24 juin.

Jusqu'à présent, mon cher comte, Lazare ne me paraît pas dans une mauvaise position. Le voilà dans l'attitude fort enviable d'un criminel intéressant. Malheureusement l'affaire n'est pas sérieuse, ce qui ôte à notre ami beaucoup de son prestige.

Je ne puis que lui présager un acquittement honorable. Franchement, s'il y avait eu contre lui quelque charge accablante, j'aurais demandé à prendre sa place.

Je parle sérieusement. En dépit des statisticiens, les crimes sont rares ; c'est du fruit défendu. Au bois, à l'Opéra, au café Foy, à Chantilly, nos gants jaunes, nos chevaux, nos binocles et nos sticks garnis d'ivoire séduisent tout au plus quelques Madeleines sans or ou quelques danseuses sans lords. Mais un grand criminel a toutes les femmes pour lui et surtout les femmes honnêtes. Je ne demanderais qu'une simple condamnation à dix ans pour faire un mariage superbe, et le lendemain j'écrirais un poëme épique, sûr de le vendre un louis le vers et de trouver des lecteurs. Pourquoi a-t-on lu la *Henriade?* Parce que Voltaire sortait de la Bastille.

Je vous vois rire d'ici. Et pourquoi pas? un poëme épique est-il plus compliqué qu'un drame? et ne montons-nous pas dans les départements de Seine-et-Oise une tragi-comédie infiniment plus intriguée que les vaudevilles de Scribe? Il n'appartenait qu'à des gens aussi civilisés que nous, d'arriver à combiner froidement une action dont nous sommes à la fois les machinistes et les metteurs en scène, et où nous jetons nos passions personnelles et nos sentiments les plus réels dans le moule où les dramaturges vulgaires ne mettent que des élégies ridicules ou de plates exagérations. Et quelle fantaisie étincelante pourrait égaler l'imprévu de certaines situations secrètes que nous devons ignorer jusqu'au dénoûment, sous peine d'être obligés de nous siffler nous-mêmes?

Je ne vous envoie pas la boîte d'écaille. Mais si Lazare en veut une absolument, il en trouvera à Versailles chez un tabletier socialiste qui s'appelle Bourdaleau. Quant à l'objet que renfermait ladite boîte, ça n'est pas plus difficile à remplacer. Trouvez lui une boîte de couleur ; ça coûte vingt-cinq sous. Pour parler sans ambages, la boîte renfermait un portrait fait de souvenir par Lazare. Comme à l'heure qu'il est il jouit d'un grand loisir, je pense qu'il est bon et généreux de lui fournir les moyens de s'occuper. Mais j'ai encore une autre raison de garder par-devers moi ce précieux bijou. Tout ce qu'on pourra remettre à Lazare sera scrupuleusement inspecté au greffe de la prison ; or, ce portrait pouvait compromettre gravement notre ami, et donner quelque poids à une accusation capitale. Entendez-vous bien, Antony? Je dois même arrêter ici la confidence, car vous seriez porté à le traiter tout de suite d'infâme criminel. Nous expliquerons cela plus tard.

Mais ce n'est pas la seule complication bizarre qu'ait fait naître notre comédie. Marie vous boude ; et vous accusez nos amis. Quelle inconséquence ! mais Louisa, cette funambule qui nous exècre tous les deux, habite depuis trois jours la maison de Mme d'Alton. Et vous vous étonnez ! Mais mon cher, la seule chose dont j'aie lieu d'être surpris, c'est qu'elle ne nous ait pas encore brouillés à mort, et que nous n'en soyons pas à calculer notre force au pistolet. Vous n'avez donc jamais été femme un quart d'heure par la pensée? Vous n'avez pas rêvé cette joie suprême de briser le cœur d'une honnête femme et d'étaler devant elle, comme à l'amphithéâtre, l'horrible anatomie d'un amour adultère? Ah! vous vous fiez aux femmes, vous? Mais savez-vous, moi qui vous parle, que je ne dors pas sans frémir près d'une de ces créatures dangereuses et que je me réveille vingt fois avec des sueurs froides, et croyant sentir leurs griffes de lionnes s'enfoncer dans ma chair et déchirer ma poitrine?

En somme, mon ami, Louisa a fait son état de femme et de comédienne en éloignant de vous Mme d'Alton par quelque jolie médisance. Un homme fort profiterait de cet incident. Ceci n'est pas un conseil; c'est une réflexion. Mais si vous aimez trop Marie pour y renoncer à présent, attendez la conclusion de notre divertissement-Bouchardy; puis nous nous vengerons bel et bien de la Louisa. En cas qu'une détention un peu longue rende Lazare fou furieux, ce sera un Saltabadil tout trouvé pour cette exécution.

Adieu, mon très-bon. Paris se porte bien; la Seine est à sec comme un simple Mançanarez. Les ministres sont aux eaux; le club est désert; et je m'ennuie... oh! je m'ennuie!...

Bien à vous,

Vicomte SÉRAPHIN.

HUITIÈME LETTRE.

LOUISA A MADEMOISELLE BLANCHE LEJEUNE.

Jeudi, 25 juin.

Mon amie,

Tu as bien compris ma lettre, n'est-ce pas? Tu l'as lue *en femme*, comme il fallait la lire. Oui, malheureusement, Mme Marie d'Alton est une très-charmante, très-belle, très-spirituelle et surtout très-honnête femme! Oui, très-honnête! Et c'est ce qui me fait verser des pleurs de sang. Oui, elle est honnête et elle aime Lazare! Après avoir voulu la déchirer avec mes ongles et avec mes dents, comme doit faire de son ennemi toute bête fauve, je me suis prise à l'aimer et à l'admirer comme nous toutes filles perdues, malheureuses que nous sommes, nous nous prenons à regarder l'ange avec des yeux d'envie et de convoitise, lorsqu'un généreux hasard nous laisse entrevoir par une crevasse le paradis terrestre du véritable amour!

Quand j'ai été revenue à moi, pour compléter la comédie, cette sublime et sainte femme que j'ose appeler Marie tout court, parce qu'elle me l'a permis en m'embrassant, m'a donné des soins et des consolations qui auraient fait pleurer Mlle Rachel elle-même. J'ai voulu lui jouer la comédie à grand orchestre; mais bah! elle est bien au-dessus de toutes ces finesses cousues de fil blanc, avec sa naïveté grandiose!

Figure-toi M. Adolphe Franconi voulant jouer sous jambe Alfred de Musset ou mademoiselle Carlotta Grisi, qui est un ange, et qui est plus forte que moi sur le grand écart!

Cette noble femme a aimé Antony sans ruse, sans faiblesse et de toute son âme, l'horrible Antony, qui ne vaut par celui d'Alexandre Dumas! Elle lui a sacrifié sa famille, sa position, toute sa vie; elle sait aujourd'hui qu'elle n'est pas aimée par ce monstre, et elle ne lui en veut pas, et elle ne s'en veut pas à elle-même, ce qui est plus beau pour une femme! Elle est calme.

Elle aime Lazare. Cet amour a été pour elle ce que serait un paysage inondé de soleil et d'étoiles en plein jour, après les splendides horreurs d'un orage à la Salvator Rosa! Mais la malheureuse femme qui a tous les courages, a pu ensevelir cet amour dans son cœur, comme dans la tombe la plus belle qui puisse enfermer cette pure victime.

— Mais... — comme Alfred me trouverait bas bleu, s'il lisait ça, lui qui m'appelait toujours *penserosa*, et je ne sais quelles horreurs! en un mot, voici les faits, comme nous nous disions lorsqu'il était temps de causer après avoir bien bavardé! Des faits moraux, bien entendu! Car nous qui passons à travers des transparents et des soleils d'artifice en costume de nymphe phrygienne, nous ne pouvons guère nous intéresser aux allées et venues sur un plancher qui tient.

D'abord, M. Lebidois est un intrigant; mais il a tort de jouer avec ça. Il ne sait pas que j'ai la prudence du tigre. En voilà un qui mourra dans le département du Finistère, si Dieu me prête vie!

Mais parlons de Marie. J'ai d'abord essayé de tuer Antony et Séraphin dans son cœur, pour y égorger accessoirement Lazare; mais j'ai bien vite renoncé à lui inspirer du mépris pour nos deux gentlemen, car j'ai vu que c'était déjà fait. Il ne faut jamais faire de copie pour rien, comme disent les littérateurs.

De là, j'ai passé à Lazare ; et j'ai raconté à Marie un de ces romans-feuilletons comme notre ami le rédacteur du *Commerce* m'en faisait pour mon Russe ; enfin, un feuilleton qui aurait pu être refusé au *Commerce!*

Je lui ai dit que j'avais été la maîtresse de Lazare par je ne sais quelle sale intrigue, mais que Lazare m'avait toujours détestée, et que j'avais voulu mourir, écrasée sous son mépris. Quel dommage qu'il n'y ait de tout cela que la moitié de vrai ! Je lui ait dit que Lazare ne m'avait méprisée et repoussée que parce qu'il l'aimait, elle, de toutes les forces de son âme.

Il faut renoncer à te peindre la joie de cette pauvre créature. J'ai été si émue dans ce moment, où elle m'a laissé entrevoir tous les horizons bleus de son amour, que j'étais prête à lui sacrifier Lazare et tout !

Le diable qui m'aime a voulu qu'elle laissât échapper un mot maladroit sur ma position ambiguë de danseuse. Oh ! mais un mot, très-maladroit, si maladroit que je ne te le raconterai pas plus que tu ne me le raconterais si on te l'avait dit à toi.

Alors tout m'est revenu en mémoire, mon amour féroce pour Lazare et ma haine pour

MM. Antony et Séraphin, qui ne savent pas la comédie qu'ils jouent.

Pour eux, je suis une sauteuse qui a fait un pari et qui leur en fera gagner un ; mais moi je veux leur dévorer leur ami jusqu'à la moelle des os, et arroser avec soin des petites fleurs de cimetière sur la tombe de cet imbécile adoré qu'ils n'ont pas eu l'esprit de me donner et qui n'a pas eu l'esprit de se donner.

Pour cela, il faudra briser Marie sous mes pieds, mais qu'importe ! Pourquoi moi, orage et tonnerre, allais-je me mêler de ménager ce lis, planté pieusement sur sa grande tige pudique, comme les grenadiers du couvent?

Tant pis, c'est notre destinée à toutes de casser tout ce qui n'a pas roulé dans l'or et la fange. Adieu, amie, je t'aime, toi, parce que tu es de neige et d'acier. Songe à moi qui fais ici de terribles sauts équestres à faire tomber l'archet des mains de M. Hamet, quand il fait hurler tous ses Sax.

LOUISA.

NEUVIÈME LETTRE.

LAZARE A M. LE COMTE ANTONY DE SYLVERS.

Versailles, mercredi 24 juin.

Ça va bien, mon ami, ça va très-bien. Le hasard est un garçon d'imagination. Il ne lésine aucunement avec moi, et dans la succession des scènes qu'il improvise, il procède avec une rapidité qui donnerait le vertige aux habitués de l'art dramatique du boulevard. Cette pièce est un drame, mon ami ; mais l'auteur le hasard l'a évidemment construit après une étude profonde de la préface de *Cromwell*. Seulement, malgré le mérite réel et les beautés de premier ordre qu'on remarquera dans cet ouvrage, j'ignore quelle serait en cas de représentation sur un théâtre à places payantes, l'opinion des critiques ; ces commis qu'on place dans le bas des journaux pour tenir les registres de l'état civil dramatique et littéraire, à peu près comme on fait des employés de mairie qui ont des bouts de manches, des garde-vues de taffetas vert, sont invariablement célibataires et passent leur vie à enregistrer la naissance ou la mort des enfants des autres — qu'ils trouvent généralement laids et difformes.

Cependant, mon ami, je ne suis pas sans inquiétude, et il ne faut pas croire à la sincérité absolue de toutes les folies de ce début. Je fais comme les enfants qui chantent lorsqu'ils ont peur.

Vraiment, oui, j'ai peur ; mais je vous sais assez d'esprit, et vous me connaissez trop pour ne pas donner à cet aveu des proportions qu'il ne saurait avoir quand c'est moi qui vous le fais.

J'ai peur, en ce sens que voilà quatre jours que je suis séquestré et que j'ignore ce qui se passe dans le monde, — j'entends par là le café de Paris et le balcon de l'Opéra. Quatre jours, grand Dieu ! Que de changements il peut s'être opéré dans ces quatre siècles. Qui sait ! M. Thiers a peut-être été proclamé empereur des Français, et s'occupe-t-il à écrire la propre histoire de son propre empire ? Se souvient-on encore de M. de Chateaubriand? Le nombre des voyelles a-t-il été augmenté? Met-on toujours des faux-cols et porte-t-on pas des habits rouges? Tâchez de m'instruire afin que je sois à la mode le jour où on me conduira à l'échafaud, car j'ai la prévision que je serai guillotiné fin courant.

Les habitants de Versailles sont enchantés de cette bonne fortune; ils me préfèrent à leur Musée et au bassin de Neptune. J'ai ici un succès énorme, les dames m'envoient leur album pour avoir de mes autographes; mais comme j'ai toujours eu l'album en horreur, je fais illustrer ceux qu'on m'adresse par un vénérable scélérat avec qui j'ai eu l'honneur de faire connaissance.

Voici un échantillon de cette muse Lacenairienne :

SUR L'ALBUM D'UNE MAÎTRESSE DE PENSION.

Comme un pâtre dans les blés cueille l'encens et la myrrhe,
De ces charmilles de lis, ravissantes jeunes filles,
Que caresse au bord des eaux la brise et le zéphyre,
Vous faites des mères de famille !

SUR L'ALBUM D'UNE DAME RICHE ET NOBLE.

Tandis que là-bas dans vos salles merveilleuses
Vous jouissez sans contrainte de la liberté,

Moi qui comme vous ai l'âme généreuse,
Pourquoi donc sur une dalle boueuse
Languis-je, infortuné prisonnier ?

SUR L'ALBUM DE LA FEMME DU PROCUREUR DU ROI.

Moi, pauvre captif, que par vos genoux que j'embrasse,
Mon doux Jésus aurait dit : Qu'il quitte ces humides voûtes.
Rendez-moi justice, et faites-moi avoir ma grâce,
O fille de Thémis, vous qui les possédez toutes.

Hein, que dites-vous de cela, mon ami?

Ce forçat de lettres a un talent très-développé sur la pensée morale, et il travaille la maxime comme s'il était élève de Larochefoucauld. Il y a dans cet homme l'étoffe d'un grand philosophe. Il est savant comme une encyclopédie, et le crime a répandu sur son front couronné de cheveux blancs une auguste sérénité qui lui permettrait de poser pour Minos, dieu de la justice. Cet homme m'a fait la théorie du crime avec l'habileté et l'expérience d'un praticien. Il m'a donné une foule d'excellentes instructions, au cas où je voudrais me livrer exclusivement à son art. Il connaît depuis vingt ans toute la génération des procureurs du roi. Il s'est assis sur les bancs de toutes les cours d'assises du royaume. Il a dans sa poche un plan de toutes les prisons et de tous les bagnes, et m'a affirmé qu'avec quelques protections on pouvait choisir celui où l'on désirait aller. En poète et en artiste qu'il est, préférant la Méditerranée à l'Océan, il m'a avoué qu'il s'était arrangé pour faire son dernier coup dans un district voisin de Marseille. De cette façon, m'a-t-il dit, j'étais presque sûr d'être dirigé sur Toulon — on y est mieux, voyez-vous !

C'est effrayant, cet agréable voisin m'a confié aussi que mon geôlier, M. Perdrizeaux, m'avait complétement fourré dedans sous le rapport du régime actuel des prisons.

— Tout le monde n'a pas de divans, m'a-t-il dit, et, quoiqu'on vous ait affirmé le contraire, il y a encore ici quelques mètres de chaînon. Tenez, il y a dix ans, en 40, du temps de l'affaire du boucher de Poissy, on m'a amené ici, et je demeurais là, au dessous, dans un cachot de l'ancien régime où il y a beaucoup de courants d'air et des fuites d'eau très-désagréables pour les *commençants*.

Si je n'avais pas cet homme pour causer je m'ennuierais beaucoup. Je passe avec lui une partie de mon temps dans le préau où se trouvent quelques scélérats de distinction ; c'est effrayant la probité qui règne parmi tous ces hommes déchus.

Cela est porté à un si haut degré qu'ils se font crédit les uns aux autres, et que M. Perdrizeaux leur ouvre des comptes. Il m'a assuré n'avoir jamais perdu un liard avec eux. S'ils quittent la prison avant d'avoir pu s'acquitter, ils trouvent toujours moyen de le faire plus tard. — J'ignore si elle a cette confiance, mais la Banque de France pourrait endosser les effets de ces messieurs sans aucun risque. — Ils se feraient couper la tête afin de se procurer l'argent nécessaire pour faire honneur à leur signature.

J'ai fait aussi connaissance d'un nommé Jalobin — un Papavoine timide qui a tué deux de ses écoliers, parce qu'il ne pouvait pas leur donner de prix. — Jalobin est moins spirituel que son confrère, mais il a la naïveté de la folie qui l'a armé d'un couteau; l'autre jour, il a proposé dix francs à Perdrizeaux s'il pouvait lui procurer un enfant?

— Qu'est-ce que tu en veux faire, scélérat, a répondu l'honnête geôlier.

— Je voudrais lui apprendre à lire, répondit Jalobin avec douceur.

Ça fait dresser les cheveux sur la tête; voici l'heure où l'on doit porter les lettres à la visite du greffe, je me hâte donc de fermer ma lettre. — A propos, les détails me faisaient omettre le principal.

Je vous avais prié de me faire parvenir une petite boîte d'écaille que vous deviez prendre chez moi, je n'ai rien reçu non plus que de vos nouvelles; m'auriez-vous oublié? Je me rappelle à votre souvenir, et vous supplie de faire diligence. Je ne vois pas quel obstacle pourrait empêcher que vous me fissiez parvenir l'objet que je vous demande, les communications ne sont pas encore interdites. Songez que cette captivité, si elle se prolongeait, pourrait avoir des suites fatales pour moi, et faites, pour m'en tirer, tout ce que vous inspirera l'attachement que vous m'avez porté dès que vous m'avez connu, et dont, pardonnez-moi cet aveu, je n'ai jamais pu m'expliquer la spontanéité... C'est peut-être une inintelligence de cœur, que voulez-vous, je suis jeune encore moi, et quoique vous m'ayez bien épouvanté par vos leçons, quoique vous m'ayez prouvé avec cette éloquence aiguë qui vous est particulière, que l'homme n'avait de meilleure cuirasse que l'égoïsme pour se préserver des dangers de la vie, cette cuirasse a encore des défauts chez moi, et cette armure de scepticisme me paraît quelquefois bien lourde à porter.

Vous me gronderiez si vous m'entendiez parler ainsi tout haut; mais j'ai foi en votre discrétion. Pour vous seulement je suis ce que je suis — pour les autres je veux rester ce que vous m'avez fait; car je comprends l'utilité de ce perpétuel mensonge qui me ferait avouer le commencement de cette lettre et nier la fin. — Ah! cher Antony, quels hommes êtes-vous donc, vous et Séraphin? par quelles effroyables tempêtes votre jeunesse a-t-elle été battue! Dans quels souvenirs douloureux avez-vous retrempé vos paroles, blessant à mort l'illusion naissante qui chante dans le cœur des jeunes hommes? Où donc avez-vous appris le secret de ces terribles sourires qui font monter la pâleur de l'effroi sur le visage de ceux qui entrent dans la vie par la verte route de leur vingtième année, et pourquoi sous vos regards baissent-ils précipitamment leur front encore humide des larmes de leur mère, qui leur a dit en les conduisant à la porte du monde :

— Pars et sois heureux.

Oh! Antony, j'ai tort de me permettre ces interrogations; votre dévouement m'est connu et votre désintéressement me le rend encore plus cher. Je vous ai dû des tristesses, mais je vous ai dû aussi bien des joies. Vous avez foulé sous vos pieds bien des fleurs dans le chemin de ma jeunesse, quand je m'apprêtais à les cueillir, mais c'est que vous pensiez que ces fleurs, si belles au regard, renfermaient des poisons dont la couleur éclatante n'était que la perfide enveloppe. Oui, vous avez raison, et moi j'ai tort, aussi bien décidément je suis de votre religion. Il n'y a de vrai Dieu que le plaisir, c'est le Dieu du monde, le seul Dieu auquel on doit croire, et malheur aux athées, à ceux qui se réfugient dans les austérités hypocrites et refusent d'adorer cette sublime divinité faite de rayons, — l'or, la flamme, le diamant.

Laissons aux poëtes de fougère et de houlette leurs éternelles contemplations devant les astres, qu'ils estiment être les âmes des hommes vertueux. Le soleil et les astres sont les lustres éternellement allumés pour éclairer la fête éternelle. Il n'y a rien au delà de l'enfer; et le paradis, cette utopie des catholiques, n'est qu'un endroit maussade où l'on exécute éternellement la symphonie de l'ennui sur un grand harmonica.

Vive l'enfer où sont toutes les belles femmes et tous les grands hommes, tous ceux qui ont imprimé sur la terre le pas souverain de la célébrité; vive l'enfer et sa flamme éternelle, l'enfer où l'on retrouve Cléopâtre, Marion Delorme, la reine de

Saba et Sophie Arnould en causeries et en chansons avec Sardanapale, Salomon, Don Juan, Horace et tant d'autres qui avaient votre devise, mon ami.

Vivre pour jouir.

J'espère que voilà un joli morceau. — C'est ma dernière tentative de poésie, une espèce de chant du cygne, hein?

Au cas où mon ami le hasard aurait juré de me faire monter sur l'échafaud, je vous prierai d'écrire à Londres à Mac-Daniel's, le célèbre fondeur. Vous lui commanderez un couteau en acier fin.
— Je veux me procurer le luxe d'un fer vierge.
— Je ne pense pas que le gouvernement s'y oppose.

Si cela était possible, je désirerais également que l'exécuteur fût habillé de rouge le jour de la fête, comme dans le tableau de Jeanne Grey ; vous obtiendrez bien au besoin les dispenses nécessaires. — Je serais très-contrarié de ne pas être guillotiné par un bourreau rouge et un couteau anglais. — Sans cela, autant vaudrait ne pas être guillotiné du tout.

Je serais aussi bien heureux si M. de Pongerville voulait faire ma complainte avec une vignette par Daumier.

Adieu. Celui qui est digne d'être votre ami.

LAZARE.

P. S. — N'oubliez pas la boîte d'écaille.

DIXIÈME LETTRE.

MARIE D'ALTON A M. LE COMTE ANTONY DE SYLVERS.

Jeudi matin.

J'ai relu dix fois votre lettre, Autony, et dix fois je l'ai relue sans la comprendre. Vous êtes venu, et Julie ne vous a pas laissé pénétrer près de moi. Mais pourquoi et dans quel but? Qui lui a donné cet ordre? Ce n'est pas moi, moi qui vous attendais avec toute l'anxiété d'un cœur désabusé par la souffrance et brisé par l'amour. J'ai fait venir cette fille et je l'ai interrogée froidement, avec mesure, contenant ma juste colère, et craignant par-dessus tout de lui laisser pénétrer mes secrets sentiments. Elle m'a répondu, avec une naïveté étudiée :

— Puisque Madame est venue à Verrières pour être seule, je n'ai pas cru que ma consigne fût levée pour M. le comte de Sylvers. Madame aurait dû m'avertir.

Elle s'est retranchée dans la pureté de ses intentions, dans son dévoûment inaltérable et dans le souvenir de dix ans de bons et loyaux services.

Ah ! cher, je suis entourée d'ennemis. Cette femme que j'ai accueillie avec un empressement bien naturel, avec une pitié si franche et si désintéressée, cette Louisa me hait. Pourquoi? J'ai surpris dans un de ses regards ma mort fermement décidée. J'ai pâli sous ce regard meurtrier, et la lumière s'est faite.

Cette femme doit vous aimer, Antony. Elle m'a parlé de vous avec un mépris concentré et si amer qu'il trahissait malgré lui une passion aveugle. Je la plains trop sincèrement pour la haïr, mais pas assez pour l'estimer. Louisa est une femme perdue; eh bien ! l'amour chez ces créatures revêt des formes si monstrueuses que sa toute-puissance ne saurait les sauver du mépris.

Obligée de feindre avec moi, elle m'a conté je ne sais quelle ridicule histoire destinée à expliquer sa présence chez Lazare et les événements qui en sont résultés; et j'ai pu voir comment elle comprenait la plus sainte des passions. Ce sont des emportements incroyables, des dévergondages de pensée et de sentiment qui me surprennent et qui m'effraient. Cette frénésie sensuelle qui devrait me causer un insurmontable dégoût, a le pouvoir d'éveiller en moi tous les mauvais instincts qui sommeillent; et je me suis surprise à envier cette fille infâme, dont l'amour doit avoir l'attrait infini de l'abîme.

Qu'ai-je gagné à rester honnête, s'il dépend d'une Louisa de troubler ainsi ma vie? Parce que j'étais votre maîtresse, mon Antony, j'ai refusé d'épouser un vieillard qui m'offrait, avec un nom illustre, une fortune à tenter une reine. J'ai cessé de voir ma famille et j'ai rompu avec le monde, sans rien garder que le modeste héritage de ma mère. Je me suis vouée à la solitude et à l'abandon. J'ai endossé mon amour comme un cilice, et j'ai fait de la coupe des voluptés un calice d'amertume. Je croyais, en la rendant éternelle, sanctifier ma faute.

Eh bien! tout l'enfer des mauvaises passions se déchaîne dans mon cœur. Qu'est-ce que notre vertu, que notre chasteté, s'il nous suffit de voir à nu l'âme d'une courtisane, pour que nous foulions aux pieds notre passé immaculé, et pour que notre vie d'abnégation et de sacrifices pèse sur nous comme un remords?

C'est parce que j'ai bien compris tout cela que e m'impose une horrible pénitence, celle de vous faire une confession complète.

Hier soir, le facteur rural a apporté une lettre de Paris pour Mlle Louisa de Berval, chez Mme Marie d'Alton, à Verrières. Comment sait-on que j'ai recueilli cette fille? J'ai pris la lettre des mains de Julie; j'ai dit que je la remettrais moi-même à Louisa; mais je l'ai longtemps gardée pour l'examiner à mon aise; et à la fin j'ai cru reconnaître l'écriture fine et serrée du vicomte Séraphin. Ah! si cette lettre n'eût pas été si bien cachetée! Une lutte terrible a commencé entre ma probité et ma jalousie. Un seul mot pouvait éclaircir le mystère de toutes mes douleurs. N'étais-je pas dans mon droit en combattant par toutes sortes d'armes mes ennemis cachés? Je ne redoutais plus qu'une chose : c'était de ne pas trouver dans cette lettre tout ce que j'y allais chercher. Vous le voyez, mon ami, j'étais descendue si bas que je discutais avec moi-même l'utilité d'une bassesse. Reconnaissez-vous encore la fière Marie d'Alton? Allais-je agir en Carthaginoise ou en Romaine?

Heureusement, Julie est rentrée. La Romaine l'a emporté.

— Tenez, Julie, lui ai-je dit, je n'ai pas encore

vu M{{lle}} Louisa, qui sans doute est restée dans le parc. Cherchez-la et remettez-lui cette lettre.

Julie est sortie et j'ai respiré plus librement. J'avais failli rougir devant ma femme de chambre. Ah! cher, nos gens nous maintiennent plus qu'on ne croit dans le sentiment de notre dignité; car, ceci n'est pas le moins pénible à dire pour une femme peu accoutumée à de pareils aveux, peut-être me fussé-je approprié cette lettre, si je n'eusse à l'instant même réfléchi qu'un seul mot de Julie pouvait instruire Louisa de ma déloyauté et m'attirer son mépris. Le mépris de Louisa! Recommander le silence à Julie, en faire ma complice, était plus indigne encore. Toutes ces menues considérations m'ont arrêtée et m'ont sauvée d'une tentation honteuse. Mais attendez la fin.

Pendant le dîner, j'observai minutieusement Louisa, dont le visage restait impassible. Je ne savais plus que penser de cette splendide créature qui mangeait de si bonne grâce une livre de rumstecks. Car, remarquez bien ce détail presque comique, la Louisa, sans se soucier des infusions de mauve que lui prescrit le docteur Lebidois, dévore d'incroyables quantités de filets de bœuf, et semble craindre la diète plus que l'opération du trépan dont la menace son savant médecin.

Le repas achevé, nous prîmes le café sous la marquise du péristyle, du côté du jardin. Louisa paraissait m'aimer ce soir-là; elle me câlinait et prenait mes mains dans les siennes, avec d'adorables chatteries. Je commençais à me repentir de la rigueur de mes jugements. Comment cette charmante enfant, cette bonne fille pourrait-elle tremper dans quelque hideux complot contre moi?

Tout à coup Julie vint avertir Mlle Louisa qu'un homme était là qui l'attendait. Elle s'élança du côté de la grille, et revint au bout de cinq minutes avec un air sérieux qui me déconcerta.

— Qu'y a-t-il? demandai-je. Et quel est cet homme?

— C'est Théodore, le domestique de Lazare. Allons, chère belle, n'allez-vous pas prendre de l'ombrage?

Puis elle alla s'enfermer dans mon boudoir. Je rentrai dans ma chambre. Mais jugez de mon étonnement, lorsque je trouvai sur ma table à ouvrage une lettre cachetée à mon adresse.

Je sonnai Julie.

— Comment cette lettre se trouve-t-elle là!

— Je ne sais pas, Madame.

— Qui l'a apportée?

— Je ne sais pas.

— Cependant elle ne porte pas le timbre de la poste.

— Je ne puis rien dire de cela à Madame. Je n'ai point eu connaissance de cette lettre.

— Voilà qui est fort extraordinaire !

— Il se passe ici bien d'autres choses extraordinaires depuis quelques jours ! murmura Julie en se retirant.

Au moment d'ouvrir ce pli, je fus saisie d'une terreur affreuse, je me rappelai les lettres empoisonnées si vulgairement employées au temps de Catherine de Médicis.

— Mais ce serait bien raffiné, pour une danseuse du Cirque ! me dis-je.

Et je brisai l'enveloppe. Pour le coup, je faillis me trouver mal. Sous le pli se trouvait la lettre du vicomte Séraphin, la fameuse lettre que j'avais voulu soustraire le matin même. J'étais, sans le savoir, devenue un personnage de quelque féerie. J'ouvris la lettre, et voici ce que je lus :

LE VICOMTE SÉRAPHIN A Mme L. DE B.

Bureau restant, à Verrières.

Ma petite Saqui, nous t'avons donné vingt-cinq jours pour réussir. Or, c'est beaucoup ; Dieu n'en a mis que six pour créer le monde; et il ne faut que sept heures à M. Alexandre Dumas pour écrire un volume in-octavo. Réussis si tu peux; mais tu prends, ce me semble, le chemin le plus long. Dépêche-toi ; ton directeur s'inquiète et menace de ne plus correspondre avec toi que par l'entremise du tribunal de commerce. Te voilà chez Marie d'Alton, la maîtresse d'Antony. Je sais que tu as mis le temps à profit. Voilà ce pauvre comte congédié. Tu te venges. Pauvre enfant! comme j'ai ri! Pèse bien ces paroles que je voudrais écrire en lettres sanglantes : « LAZARE AIME MARIE D'ALTON. » En chassant Antony, tu as renversé la seule barrière qui pût la protéger contre les entreprises de Lazare. Je te donne ce dernier avis pour te montrer combien vous êtes faibles, pauvres femmes, quand vous vous croyez fortes. Tu vas croire que je te retourne sur le gril de la jalousie par pure férocité. Sache bien que je possède la preuve matérielle de ce que j'avance. Porte-toi bien et défie-toi du docteur Lebidois. C'est un farceur.

Vicomte SÉRAPHIN.

Eh bien! Antony, juge maintenant de ma situation. Qu'en dis-tu, et que veux-tu que je devienne, si tu ne m'arraches à l'instant des griffes de ces tigres que tu prenais pour des chats bien apprivoisés? Voici que j'ai la rage dans le cœur et le désespoir dans l'âme. Voici que je suis insultée par eux et peut-être méprisée par toi. A mon tour, je veux ma vengeance. Je ne m'étais donc pas trompée. Cette femme vous aime, et Séraphin s'est fait l'entremetteur de ces basses amours. C'est à vous d'aviser à ce que vous avez à faire; et votre tâche est facile, si vous m'aimez encore. Demain matin, je chasserai la Louisa. — *Farewell.*

Marie D'ALTON.

ONZIÈME LETTRE

THÉODORE A MADEMOISELLE BLANCHE LEJEUNE.

Verrières, samedi 27 juin, 8 heures.

Oui, Verrières ; ne prenez pas le temps de vous étonner ; votre Louisa est là à mes pieds, sanglante, inanimée, ou du moins elle y était il y a une heure, et les draps du lit de Marie d'Alton sont teints de son sang. Affreuse nécessité épistolaire, qu'au lieu de vous consoler et de pleurer avec vous, je doive vous raconter comment je suis ici, et comment je connais cette Louisa, de laquelle vous m'avez tant parlé.

Vous connaissez, vous connaissez trop MM. Antony de Sylvers et Séraphin. Et qui ne les connaît pas ? Quand Lazare est arrivé à Paris, naïf et poétique comme les chansons de sa montagne, mais beau comme Lauzun sous le frac, et portant l'un des plus beaux noms de France, ces jeunes gens ennuyés et blasés ont trouvé en lui une excellente proie pour des poëtes-amateurs, et se sont mis à jouer de son âme vierge comme le vent du nord joue d'une harpe éolienne. Ils l'ont roulé sous les pieds des danseuses, ils lui ont ménagé des désespoirs quotidiens et lui ont fait rendre des sons plaintifs; enfin, ils en ont fait un harmonica perfectionné et susceptible d'attendrir les grisettes après boire.

Quand Lazare a été suffisamment monté, c'est-à-dire quand ils l'ont eu rendu presque fou, ils lui ont inventé une bonne occasion de chalet à Verrières, une manière de l'isoler du monde connu, pour lancer sur lui Mlle Louisa et les faire dévorer l'un par l'autre, comme dans cette histoire de loups dont il ne reste plus que les pattes et les queues. Jusqu'ici, Lazare les a bien amusés; mais j'ai bien peur qu'il ne fasse un jour comme la fameuse lionne de M. Van Amburgh qui, dit-on, a dévoré son maître, — pour rire ! Si cela se fait, nous irons ensemble jeter des fleurs sur les tombes de ces messieurs, un jour qu'il n'y aura pas Cirque.

Mais je ris avec des convulsions nerveuses et des larmes dans les yeux! Donc, moi, je ne connaissais pas Lazare, mais je connaissais son meilleur ami, l'un des grands poëtes de notre époque, le seul homme qui se soit intéressé à lui, et qui l'ait aimé sincèrement. Cet homme bon et illustre a voulu sauver Lazare de tant d'enfantillages sanglants, et pour cela, il a jeté les yeux sur moi. Nous avons fait un scénario comme les poëtes en font quand ils veulent bien s'en donner la peine. Mais malgré cela — suivez-moi bien — nos fils sont aussi embrouillés, à l'heure qu'il est, que ceux de nos adversaires. Savez-vous que tout en me désolant pour votre amie, je me demande avec effroi qui on va pendre avec toutes ces ficelles-là?

MM. Antony et Séraphin cherchaient un Frontin intelligent pour tenir leur lanterne magique, à Verrières, et pour faire la mise en pages de leurs petites contrefaçons d'Hoffmann. Je me suis présenté avec audace, car j'étais le seul qui pût jouer ce rôle singulier; ma position bizarre d'écrivain destiné à être le grand type matérialiste de la génération prochaine, m'ayant forcé à rester inconnu de tout le monde à Paris, comme le dieu Mapah et les auteurs des immortelles épopées de Jean Belin et de Jean Hiroux. Vous savez qu'excepté le grand

11.

écrivain dont je vous parlais, personne ne connaît ni moi, ni mon nom. Je suis donc parti pour Verrières, muni de l'argent et des instructions de nos Séraphins. J'ai donné leur argent au comité de bienfaisance de mon arrondissement, et je me suis fait très-sérieusement valet fantastique et littéraire, comme Figaro, Bertrand, Robert Macaire et Quinola.

Mais comme vous le comprenez bien, le rôle de Mascarille ne m'allait que d'une façon.

J'ai voulu, moi aussi, sauver ce pauvre *Étourdi* que le hasard me confiait, mais en lui gardant son honneur, et sans assassiner aucun Géronte, comme les galériens de Molière. J'ai regardé d'un œil fraternel Lazare et Louisa, ces deux enfants perdus qui pourraient être sauvés, et que leur amour mutuel eût rendus heureux et forts, si le cruel Séraphin n'eût étouffé au berceau ce charmant amour sous ses ridicules histoires de princesse régnante et ses honteux paris qui ont déshonoré Louisa à ses propres yeux.

Cette belle et forte femme, qui ne m'a pris que deux jours pour un Pasquin sentimental, a bien vite compris qui j'étais et combien je l'aimais. Elle m'a raconté son stratagème que j'ai blâmé, je l'ai engagée à tout dire, et à sacrifier les intérêts de son amour plutôt que de laisser une minute de plus dans une position fausse Lazare, qu'elle aime. Elle était décidée à prendre ce courageux parti, quand je ne sais quelle circonstance l'a fait tout à coup changer d'avis. Elle voulait voir Lazare avant de rien faire. Vainement je lui ai fait observer que ce qu'elle voulait était impossible; je l'ai priée, suppliée, elle a été inflexible.

— Allez, dit-elle, me dénoncer vous-même si vous voulez, couvrez-moi de honte, traînez-moi dans les horreurs de la gendarmerie et des tribunaux; quant à moi, je suis décidée à ne rien faire sans avoir vu Lazare. Vous comprenez que j'ai rejeté bien loin de moi le moyen cruel que Louisa me proposait pour mettre ma conscience en repos. Je vous ai trop aimée, chère Blanche, j'ai encore pour vous une trop solide amitié pour pouvoir exposer un seul cheveu d'une femme que vous aimez comme une sœur. J'ai fait plus pour vous, je me suis laissé arracher par Louisa la promesse insensée de l'accompagner la nuit suivante dans la périlleuse expédition qu'elle voulait tenter à Versailles. Je vous le dis encore, Blanche, c'était pour vous; et malgré cela, j'ai bien pleuré sur cette fatale condescendance qui va produire tant de malheurs. Ecoutez.

Je ne savais quels moyens voulait employer la pauvre Louisa pour arriver jusqu'à Lazare, mais je l'avais vue tressaillir quand j'avais nommé devant elle M. Perdrizeaux, le geôlier de Versailles, célèbre, du reste, à dix lieues à la ronde. Je ne fis alors aucune attention à cette circonstance à laquelle j'ai réfléchi depuis, et qui expliquera sans doute bien des choses.

Nous parvînmes à ne pas voir M. Antony qui est à Verrières depuis trente heures. A minuit, Mme d'Alton endormie profondément avec de l'opium, nous partîmes, Louisa et moi, moi sans livrée, elle vêtue du joli costume d'homme qu'elle a rapporté de Paris, enveloppée d'un manteau, défigurée par des moustaches postiches, enfin complétement méconnaissable. Je ne vous raconterai rien de la route, car j'ai hâte d'arriver au terrible dénoûment. D'ailleurs, ne savez-vous pas ce qu'il y a de charme imprévu, de terreur folle, de divagations terribles dans les paroles d'une fille ivre d'amour et de jalousie?

Arrivés à Versailles, à cinq cents pas de la prison, Louisa exigea que je la quittasse au bout de l'avenue, et je cédai; cependant j'étais dévoré d'inquiétude, car elle avait ses deux poches pleines d'or. Elle continua le chemin à pied, et je la vis

ientôt disparaître dans l'ombre. Moi, j'attachai
s chevaux à une grille et j'attendis.

Vous dire les sensations que j'éprouvai pendant
heure qui s'écoula, vous dire quels frissons tor-
'rent mes membres, quels vents glacés échevelè-
ent mes cheveux, quelles impatiences épouvan-
bles me mordirent au cœur, ce serait vous
aconter un poëme effrayant qui durerait dix mille
nnées, car je souffris là deux cents existences
'homme. D'abord, tous les incidents de la sombre et
rotesque histoire qui se joue me passèrent devant
es yeux en quelques minutes; puis, je vis dans
e hallucination Louisa arrêtée, puis, je la vis
orte auprès de Lazare, mort aussi, souillé et
anglant; vous, Blanche, je vous voyais tombant de
otre cheval, au Cirque, devant tout un peuple, et
e voyais vos beaux cheveux s'ensanglanter dans
otre crâne ouvert; et toujours au fond de ces
agues tableaux, Antony et Séraphin, mis à la der-
ière mode, souriaient en mordant leurs sticks.
près l'effroi, ce fut l'impatience; je fumai je ne
ais combien de cigares, je me récitai tous les vers
ue je sais, et j'en fis peut-être deux cents, comme
un improvisateur. Enfin, j'avais des bruissements
dans la tête et dans les oreilles, j'étais brûlant et
glacé, je succombais sous la fièvre quand je vis

enfin reparaître Louisa. Oh! dans quel état, cette fois! pâle, en désordre, la bouche tordue, les yeux sortis de l'orbite. Elle s'élança à cheval sans me rien dire, et cette fois notre voyage ressembla à la course fantastique de Lénore sur un chemin peuplé de fantômes. Mes prières ne purent arracher un mot à Louisa, jusqu'à la porte de Marie d'Alton, où je la quittai presque morte; et moi, je rentrai désespéré au chalet.

Une heure après, je ne sais comment je passai cette heure, je fus arraché à ma rêverie par des cris épouvantables, et prompt comme l'éclair, j'arrivai dans la maison de Mme d'Alton, déjà pleine de monde.

O Blanche! quel spectacle! Près d'un meuble dont le marbre était taché de sang, Louisa était étendue par terre avec le crâne véritablement ouvert cette fois; Mme d'Alton était évanouie. A côté de Louisa, on voyait un appareil de pansement souillé et comme récemment arraché. Il fut évident pour moi que Louisa avait eu l'horrible courage de se blesser elle-même, et qu'elle voulait faire croire à l'ancienne blessure, rouverte par accident. Mais dans quel intérêt et qui voulait-elle perdre? J'avais la tête si fatiguée qu'aucune idée nette ne pût se faire jour dans mon esprit. Enfin, j'osai regarder l'affreuse plaie. J'espère que Louisa n'est pas mortellement blessée, mais que de malheurs!

Tout à coup — Louisa vous a-t-elle parlé d'un méchant farceur qui jouait ici un assez triste rôle de grime sous le nom de Lebidois? — ce rapin, M. Raynal, un amant malheureux de Louisa, arrive en désordre, et dans le plus grand effroi, se met à continuer en balbutiant son rôle de médecin sans avoir songé à mettre sa perruque et son travestissement. Tout le monde crie et frémit, c'est un affreux désordre, la voix publique le désigne comme l'assassin de Louisa, ou du moins comme un complice de Lazare, et le voilà emmené sur-le-champ par les gendarmes.

Moi, Blanche, je n'ai rien osé dire pour le sauver; vous comprenez que c'est toujours pour votre chère Louisa. Il y a une heure que tout cela s'est passé. J'ai laissé Louisa entre les mains du pharmacien qui a l'air bon et intelligent; tout le monde a abandonné aux douleurs qui l'assiégent la triste maison de Mme d'Alton. Quant à moi, aucune clarté n'a encore lui dans mon esprit. Je n'ose rien dire ni rien faire, car je ne sais qui je pourrais sauver ou perdre. Blanche, réfléchissez à tout cela, vous qui n'avez pas la tête perdue de ces événements affreux. Voyez M. Antony qui ignore quels résultats ont produit ses abominables plaisanteries, voyez le duc dont le dévouement et l'expérience sont si grands ; cherchez tous les députés qu'on pourra remuer pour apaiser cette affaire. Surtout envoyez-nous à l'instant un grand chirurgien, le docteur Maugis, par exemple. Mais tout de suite, tout de suite, car, hélas! chère Blanche, votre Louisa a un pied dans la tombe. Que dis-je? à l'heure où je vous écris, peut-être ses beaux yeux sont-ils à jamais fermés ! Et ne pouvoir la voir jusqu'à demain ! Jugez du désespoir avec lequel je vous écris aujourd'hui ce mot si triste : Adieu !

J'attends un mot, un signe, rien qu'une idée même pour reprendre la plume. Je brûle de calmer les incertitudes qui vont vous assaillir là-bas, et vous causer cent mille tortures par minute.

Je n'ai pas besoin de me dire tout à vous.

THÉODORE.

DOUZIÈME LETTRE

VALENTIN RAYNAL A M. OLIVIER DE BESSE, A ÉCHANDELIS
(PUY-DE-DÔME).

Versailles, dimanche 28 juin.

Grâce à la protection de M. Lazare, que j'ai eu l'honneur de rencontrer dans la prison de Versailles, j'ai pu obtenir de mon geôlier qu'il desserrât un peu mes cordes.

. . . . , ...

Le spectre de Champollion te demanderait l'explication des rébus qui garnissent la chambre des ancêtres de Touthenès, tu ne serais assurément pas aussi embarrassé que je le suis aujourd'hui de comprendre la ridicule position dans laquelle je me trouve.

Je suis en prison, accusé d'avoir tué ma malade!

J'ai beau me torturer la cervelle, reprendre mon histoire du jour où, pour mon malheur, j'endossai l'habit, la perruque et le nom de Lebidois, je ne trouve rien, absolument rien qui m'éclaire un peu sur mon prétendu crime.

Voici, avec toute l'abréviation possible, ce qui s'est passé depuis l'instant où je fus introduit auprès de Louisa.

Pendant la première journée de l'exercice de ma nouvelle fonction, tout avait marché au mieux. On avait ponctuellement avalé mes infusions de mauves, cette innocente panacée que je me proposais bien de prescrire à quiconque viendrait me consulter. J'avais coupé à Louisa quelques mèches de ses beaux cheveux noirs; un emplâtre de mie de pain et d'huile d'olive avait fait un premier appareil de pansement. Il était décidé qu'à moins d'accidents fort graves, on ne regarderait pas la blessure avant quatre ou cinq jours. Ma présence devenant indispensable de jour et de nuit, Mme d'Alton m'avait fait préparer une chambre au-dessus de celle de Louisa. Le soir, quand je fus installé, je ne me sentais plus d'aise, je fredonnais des chants rustiques de Pierre Dupont, je me tordais dans mon habit vert-pomme, j'embrassais ma perruque, j'étais fou-ivre de mon rôle de Lebidois.

Le lendemain, je me présentai de nouveau avec ma physionomie doctorale auprès de Louisa. Je tâtai le pouls de la malade. — Vous allez beaucoup mieux, lui dis-je ; vous devez avoir eu une bonne nuit?

— Mais, oui, Monsieur, répondit en souriant Mme d'Alton ; nous l'avons passée tout entière à causer ensemble, et madame ne s'est pas plainte une seule fois de la fatigue.

En un instant, je passai par toutes les couleurs du prisme. On n'avait pas déjà trop bonne opinion de moi dans la maison, et cette sottise me rendait, aux yeux de ces dames, plus ridicule que ne l'eussent été les médecins de Molière. Je remontai dans ma chambre et je tombai sur une chaise. J'étais hébété comme un pensionnaire de Bicêtre. Je retirais ma perruque qui devenait parfaitement inutile. Il ne me restait plus qu'à attendre l'instant où je pourrais me glisser le long des murs et disparaître sans être vu. Mais je n'étais pas au bout de mes humiliations. J'ouvris la fenêtre pour observer les mouvements de la place, et je recueillis cette aimable phrase, adressée par une de ces dames à la femme de chambre :

« Est-ce que ce M. Lebidois ne va pas bientôt partir? — Je rentrai précipitamment et, craignant qu'on ne vînt me huer et me siffler comme un saltimbanque de quatrième ordre, qui aurait mis un faux-col pour jouer Hernani, je n'osai paraître de la journée. En proie à des craintes terribles, je passais à chaque instant de ma chambre dans un cabinet attenant à l'alcôve. Lorsque Julie monta le dîner, je m'y retranchai si brusquement, que je donnai de la tête et des bras dans la porte d'une armoire qui céda sous le choc. Dois-je appeler cela une armoire ou une cave ? Cette question est sans importance, sans doute, mais le fait est que je trouvai là une superbe collection de bouteilles baptisées au noms des crus les plus respectables. Les conditions d'esprit dans lesquelles je me trouvais ne me permirent pas de m'appesantir sur l'horreur d'un abus de confiance et de lèse-hospitalité. Quand je me fus assuré que Julie n'était plus là, je posai sur la table de quoi me faire envisager ma position sous un aspect infiniment plus agréable. Je bus une bouteille, deux bouteilles, à la troisième, je me proposai d'offrir des chaises à ces dames, si la fantaisie leur prenait de monter ; à la quatrième, je n'y étais plus du tout. Je me voyais le plus heureux des hommes ; on me trouvait charmant, je possédais Louisa et l'on me faisait un triomphe comme à Raphaël et Michel-Ange. Je

ssai toute la nuit dans un oubli complet de ma
sition. Vers le matin, j'allais, je crois, m'assou-
r, quand je fus tiré de mon apathie par un bruit
iouvantable de voix et de meubles renversés. J'é-
is encore tout étourdi, j'oubliai mon habit, ma
rruque et je me précipitai de l'escalier au salon.
y trouvai Mme d'Alton penchée vers une femme
tendue à terre ; je vis du sang, puis des gens in-
nnus, puis tout tourna autour de moi et je ne vis
lus rien. Lorsque je revins à moi, j'avais les mains
ttachées, j'étais dans une voiture entre deux gen-
armes. Je ne pus arracher d'eux que ces phrases
ssez peu rassurantes : Vous êtes le second assassin
u'on a arrêté à Verrières depuis trois jours, votre
ffaire est claire, nous vous conduisons à la mai-
on d'arrêt de Versailles. Je restai atterré.

Hier j'ai, comme disent les prisonniers, pris pos-
ession de ma maison de campagne. C'est un triste
éjour, mon pauvre vieux, que celui où l'on vous
ait traverser vingt corridors noirs et enfumés, où
'on ouvre vingt portes qui se referment à triple
our derrière vous, où le soleil est presqu'un
nythe et le vin une simple question d'imagina-
ion !

Arrivant à l'heure de la recréation, on m'a in-
roduit dans une grande cour carrée, enceinte de

murs hauts de quarante pieds au moins et garnis d'une imposante couronne de tessons de bouteilles. On appelle cela le préau. Je me suis trouvé au milieu d'une vingtaine de têtes curieuses et joviales. Tous les gens qui sont là m'ont paru s'amuser beaucoup. Je les ai laissé me regarder tout à leur aise; après quelques minutes d'un examen silencieux, chacun a repris son travail, son jeu ou sa conversation, et je suis resté seul avec mon geôlier. Je marche de surprise en surprise, voilà que je suis en pays de connaissance, mon geôlier est cousin germain de M. Léonard Perdrizeaux, de Moulins, tu sais l'homme au portrait et à la tabatière. Cette rencontre m'a été du plus grand secours. Malgré l'aspect repoussant et la mine patibulaire de ce porte-clefs, je me suis mis tout de suite avec lui sur le pied de la plus vieille intimité. Je l'ai entretenu longuement des beautés de son pays, des améliorations apportées dans la capitale du Bourbonnais, j'ai fait de Moulins la seconde ville de France. J'ai aussi parlé dans les termes les plus avantageux de son imbécile de cousin, ce vieux débris de l'école de 1820, ces gens qui se flattaient de *dire si bien le vers*. Perdrizeaux avait presque des larmes dans les yeux quand j'ai raconté la fantaisie sublime de son cousin se faisant peindre dans un costume en rideaux rouges. Après une demi-heure de causeries, j'avais capté l'amitié de mon *farouche gardien*. C'est bien, après son cousin, le plus drôle de corps que j'aie jamais rencontré. Il a conservé, comme Léonard, des allures théâtrales. — Monsieur, m'a-t-il dit en me prenant la main, j'espère que vous êtes ici pour longtemps. — Vous êtes accusé d'avoir assassiné une femme à Verrières, vous avez le numéro 2. Je suis vraiment enchanté que vous soyez chez nous. Figurez-vous, Monsieur, que, depuis un mois que Tarascon avait été dirigé sur Paris, je n'avais plus personne à qui m'intéresser. Rien que des vagabonds et des petits voleurs de deux sous ! ce n'était plus tenable.

— Qu'est-ce que M. Tarascon? lui demandai-je.

— Ah ! Tarascon ! c'était un grand ami à moi. Pauvre vieux ! il a été exécuté avant-hier. Ça a beaucoup contrarié M. Lazare, qui voulait le voir.

— Quoi ! lui dis-je en l'interrompant, M. Lazare est ici ?

— Certainement; une fameuse pratique pour moi, allez... C'est le n° 1 de Verrières.

— Perdrizeaux, m'écriai-je, si vous voulez me ménager une entrevue avec ce M. Lazare, je vous fais votre portrait en costume de geôlier, avec un trousseau de clefs à la main, un sifflet en sautoir et j'appose en bas du cadre, en grandes capitales, cette inscription :

> Argus intelligent des nourrissons du crime,
> Aux humains égarés par des penchants pervers,
> Loin d'abuser des droits d'un pouvoir légitime
> En des chaînes de fleurs il sait changer leurs fers.

Perdrizeaux ne résista pas au plaisir de se voir dans son costume officiel, avec des clefs à la main et s'apprêtant à donner un tour de plus à la serrure d'un cachot.

— Enfin, me dit-il, j'ai attendu vingt ans qu'un homme comme vous, un peintre, tombât sous mes verrous. Je ne vous cacherai pas, Monsieur, que je désespérais d'en voir venir, et je disais, à part moi : — Perdrizeaux, les peintres, c'est du mauvais peuple pour les geôliers ! Mais, Monsieur, je vous rends mon estime, je la rends à tous les peintres. Comptez sur moi. Vous me ferez mon portrait, et dans un instant je vous conduirai près de M. Lazare. C'est un drôle d'homme celui-là; vous rirez bien si vous ne le connaissez pas beaucoup. C'est ce que j'appelle un farceur ! Du reste, fameuse pratique.... Sur ce, voilà quatre heures.

Oh! hé! mes petits amours! rentrez chacun chez vous.

— Perdrizeaux accompagna cet exorde d'un vigoureux coup de sifflet. Les prisonniers se mirent sur deux rangs et rentrèrent prendre leurs places avec l'ordre et la tranquillité d'une troupe de collégiens rentrant en classe sous les yeux du principal.

Quand cette opération fut terminée, sa figure resplendissait de satisfaction.

— Hein! me dit-il, comme ça marche, c'est un plaisir! c'est pourtant moi que les ai élevés comme ça! Ah! Monsieur, il m'a fallu bien du temps... Mais nous voici arrivés, je vais vous laisser seul avec lui et voir à la soupe de tous ces braves gens. Il ouvrit et me poussa dans une chambre, en criant : C'est une visite pour vous, M. Lazare, et la porte se referma derrière moi.

La brusquerie avec laquelle j'étais tombé au milieu de cette chambre, me permit de surprendre un imperceptible mouvement dans les rideaux du lit; je ne compris pas d'abord. Je n'avais encore vu personne, un grognement sourd parti d'une encoignure assez sombre, me fit tourner la tête. J'aperçus un personnage roulé par terre, à la façon des chats angoras. C'était M. Lazare.

— Monsieur, lui dis-je, je suis désolé de troubler votre solitude, mais depuis quelques jours je marche les yeux fermés dans une intrigue dont vous êtes, je crois, un des principaux personnages. J'ai pris la liberté de pénétrer près de vous, espérant recueillir quelques renseignements sur ma position. Ne vous étonnez donc pas de ma visite et causons.

— Monsieur, je ne m'étonne jamais, répondit-il en dressant la tête. Je ne croyais certainement pas, il y a six jours, venir habiter cette prison en qualité de criminel célèbre. J'ignorais autant le crime que l'on m'attribue, que j'ignore en ce moment ce qui se passe au paradis de Mahomet. On m'a assuré que j'avais assassiné quelqu'un... une femme... une danseuse, je crois. Eh bien ! Monsieur, cela ne m'a pas étonné.

— Tant mieux pour vous, Monsieur, car ce qui nous arrive à tous deux est fait pour déranger la tête la plus solide, et il peut résulter une funeste importance de l'accusation qui pèse sur nous.

— J'aime autant, reprit-il avec le même ton flegmatique, puisque je suis prisonnier, ne pas être classé dans la série obscure et vulgaire des criminels de dernier ordre, et si je suis exécuté, je ne vois pas sans un certain plaisir que la presse s'occupera de moi.

— Nous ne voyons pas les choses du même point de vue. J'ai pourtant, comme vous, droit à l'intérêt et à la célébrité. On m'accuse d'avoir tué quelqu'un..... une femme..... une danseuse, je crois.

— Vraiment, Monsieur! asseyez-vous donc, je vous en prie.

Toutes ces pasquinades avaient été exécutées avec sang-froid et cérémonial. Je laissai aller M. Lazare, qui, après ce que tu as vu déjà, ne paraissait pas me prendre au sérieux. Il déploya pendant une heure un tel luxe de paradoxes que je ne pus trouver moyen de placer un mot sur Louisa. Je comptais bien prendre ma revanche un peu plus tard. Je le laissai s'enferrer dans une longue théorie sur l'abnégation des plaisirs mondains, et sur l'ennui et le dégoût que lui inspirait la race humaine.

— Comprenez-vous, Monsieur, me dit-il avec emphase, la joie qu'on éprouve à marcher vers un échafaud, ayant à ses côtés un bourreau vêtu de rouge ; puis, monter d'un pied ferme sur la fatale machine et dominer pendant une seconde ou deux, tout un peuple venu là pour vous et se mouvant à vos pieds, le cou tendu et la bouche béante?

— Parbleu, Monsieur, si je comprends. Je ne comprends que trop. Mais il est probable que vous serez le seul de nous deux qui jouirez de cet agréable spectacle.

— Et pourquoi donc, s'il vous plaît? dit-il en changeant de couleur et se dressant tout d'un coup sur ses deux jambes.

— Parce que j'espère bien que votre culpabilité sera clairement démontrée. Vous êtes trop galant homme pour démentir Mlle Louisa, qui affirme par serment que vous êtes son assassin. Puisque c'est vous, ce n'est pas moi. Et, l'arrêt qui vous condamnera à la peine de mort proclamera implicitement mon innocence.

— Mon Dieu! Monsieur, bien que je tienne assez à mourir innocent et persécuté comme Calas, me dit Lazare, je ne suis pas égoïste au fond. Voulez-vous ma place?

— Monsieur, je ne veux pas vous en priver; mais je saurai reconnaître votre civilité. J'irai vous voir passer. C'est dommage que vous ne soyez pas parricide, vous auriez eu droit à un voile noir et aux pieds nus. Êtes vous pour les pieds nus?

Je vis que ces détails étaient horriblement désagréables à Lazare, mais il m'avait fait *poser*, et la vengeance me rendait féroce.

— Je vais même, ajoutai-je, vous faire un offre qui vous prouvera à quel point je vous suis dévoué. Selon quelques physiologistes, la décapitation n'amène pas la mort immédiate, et la sensibilité subsiste encore pendant quelques minutes. Peut-être seriez-vous curieux de faire des expériences. Dans ce cas, je me tiendrai au pied de l'échafaud et je vous ferai des signes.

M. Lazare tomba sur une chaise sans pouvoir dire un mot. Je n'avais pas encore assez tordu le cœur de cet homme qui avait eu la prétention de se moquer de moi. L'autorité du chirurgien ne me suffisait pas, j'eus recours à la statistique.

— Allons, Monsieur, du courage. Nous avons un statisticien très-célèbre qui s'est occupé de la longévité de la vie chez différents peuples. Il prouve par des calculs incontestables que la durée moyenne de la vie, chez les peuples qui vivent sous notre latitude, est de 25 à 26 ans. Vous avez de 24 à 25 ans? Eh bien! à un an ou deux près, ne vaut-il pas mieux profiter d'une occasion qui vous fait mourir d'une mort agréable.

— Monsieur, dit-il en se levant et parcourant la chambre à grands pas, j'ai passé l'âge. J'ai 28 ans.

— Raison de plus. — Comment, Monsieur, vous avez vingt-huit ans, et vous vous plaignez! vous avez dépassé le temps qui ne vous appartenait pas, vous avez détourné une parcelle d'existence à des jeunes gens riches d'avenir, à de belles vierges qui disparurent du monde avant l'âge, et vous vous plaignez! mais sachez-le bien, ils vous demanderont compte au tribunal de Dieu du temps que vous leur avez volé! et les petits enfants qui sont en haut vous attaqueront en dommages intérêts !

— Dam, fit Lazare, avec un ton de sombre résolution, si réellement il est indispensable de mourir à vingt-huit ans, autant vaut partir par ce chemin-là que par un autre. Au fait, pourquoi ne pas accepter sans murmurer le événements que le hasard nous envoie. — On use sa vie en efforts titaniques; on se brûle le cerveau à échafauder des Babels gigantesques : puis un jour que tout sur la terre semble vous sourire, que vous entrez tout radieux dans l'Eldorado de vos rêves, le hasard, ce vieillard insoucieux de tout, qui n'a jamais rien regardé, qui n'a jamais rien entendu; le hasard passe, il donne une chiquenaude à votre fantaisie, et tout disparaît! Si vous avez de la force et de la volonté, vous recommencerez en vous gardant bien d'insulter le hasard, car il peut vous prendre sur son pouce et vous porter sur le trône de Golconde !

— Ou sur un échafaud, repris-je, d'une voix lugubre.

Cependant je le vis si abattu que j'eus honte de ma férocité, et j'eus un sentiment de joie quand Perdrizeaux vint me prévenir qu'il fallait regagner ma chambre.

Je me suis promené à travers un labyrinthe de corridors, et mon geôlier m'a introduit fort gracieusement dans ma chambre ; il ma dit que nous ferions le portrait dans l'ancienne classe de Jalobin. Je ne sais pas ce que c'est que la classe de Jalobin, mais, à coup sûr, elle ne peut pas être plus triste et plus sombre que mon affreux réduit.

En m'asseyant à ma table, j'ai trouvé tout ce qu'il fallait pour écrire, comme on dit dans les vaudevilles. C'était une attention délicate de Perdrizeaux. J'ai griffonné cette longue lettre que j'ai surchargée de détails qui ne précisent malheureusement rien. Je n'ai aucune nouvelles de Verrières. Je n'ai pas encore été interrogé, et j'ignore ce qu'on veut faire de moi. Si je devais être gravement compromis, je serais au secret et je ne pourrais te faire parvenir cette lettre. Je n'ai donc plus qu'à espérer de sortir bientôt, et tu recevras probablement, sous quelques jours de mes nouvelles au timbre de la poste de Paris. Adieu.

Amitié et souvenir.

Valentin RAYNAL.

TREIZIÈME LETTRE

LAZARE A M. DE B....

Samedi soir, 27 juin.

Monsieur,

Lorsqu'il y a quatre ans j'ai eu l'honneur de vous être présenté, à l'immense admiration que j'éprouvais pour le grand poëte qui avait fait couler mes premières larmes, et dont le génie avait eu les prémices de mes sensations, s'est joint un profond respect pour l'homme.

Quoique ma conduite vous ait autorisé à le croire, je n'ai pas oublié, Monsieur, l'auguste et bienveillante tutelle que vous avez tout d'abord offerte à mon inexpérience de jeune homme arrivant dans la vie réelle et pratique, et de jeune homme de province entrant à Paris. Pendant six mois; vous avez été mon appui en toutes choses, frivoles ou sérieuses ; j'ai trouvé en vous un conseil, un guide plein de mansuétude et d'habileté ; votre science de la vie, dans les plus simples détails, a été pour moi, pour qui la vie était un pays inconnu, un livre dont je pouvais à toute heure consulter les feuillets, sûr d'y trouver un enseignement salutaire placé devant les incertitudes de mon esprit, comme ces poteaux qui sont placés sur les grandes routes pour remettre en bonne voie les voyageurs égarés. Bien qu'arrivé à l'époque solennelle de votre existence où l'éclat de votre nom, la supériorité de votre esprit et l'autorité de votre parole réclamassent que vous vous consacriez presque tout entier aux importantes questions dont les ténèbres s'illuminent dès que vous y portez la main, vous avez bien voulu, en maintes occasions, consacrer à un seul ce qui était le bien de tous.

Pour me suivre partout où m'emportaient l'ardeur de ma jeunesse et les impatientes curiosités qui se développaient en moi d'heure en heure, vous avez tout quitté, et la famille de votre sang qui habitait sous votre toit, et la famille universelle qui remplit le monde, et pendant six mois j'ai marché dans vos pas, ou vous avez marché dans les miens. Enivré par l'air de la liberté que je respirais pour la première fois, ébloui par mille splendeurs réelles ou imaginaires, charmé, séduit par l'admirable respect du monde et de la vie que j'entrevoyais par les côtés dorés et lumineux, vous avez souri tout haut, et tout bas soupiré sans doute en assistant à mes nombreux étonnements et à l'enthousiasme sans borne avec lequel je les exprimais.

La vie, — le monde? A cette époque, c'était pour moi ce qu'est pour un étranger une grande capitale qu'il aperçoit pour la première fois d'un lieu élevé. A sa vue étonnée se déroule d'abord un magique panorama de monuments. On dirait que la ville orgueilleuse semble vouloir vous faire lire, avant qu'on en ait franchi l'entrée, son impérissable histoire, écrite en chapitre de granit, de bronze et de marbre. Ici se dressent les grands panthéons, dont les dômes babyloniens abritent tous les morts illustres vivant de l'éternelle vie; là s'élèvent les palais aux portiques royaux; là les hautes cathédrales surmontées de tours sonores et de flèches aiguës qui déchirent au passage la robe de nuage des tempêtes; plus loin des arcs-de-triomphe et de victorieux piliers

~~qui~~ bravent le marteau de la destruction universelle, et sont destinés à voir mourir le temps ; et pour ceintures à toutes ces merveilles, un réseau d'invincibles forteresses : à cet admirable spectacle donnez pour cadre l'éclat d'un beau soleil et les pompes d'un jour de fête, sur les quais, sur les ponts, dans les rues ; mettez un grand peuple en émoi ; faites résonner l'allégresse commune par la voix de cuivre de cent orchestres immenses, auxquels répondent de longues fanfares d'acclamations, qui s'élèvent dans l'air et que le vent apporte jusqu'au dehors de la cité. Certes, l'étranger qui, de loin, n'aura vu la ville que par ses plus glorieux sommets, ne pourra pas soupçonner tout ce que ces orgueilleuses somptuosités cachent de misères et de douleurs enfouies. Mais qu'il entre dans la ville, et chaque heure de son séjour diminuera sa fièvre d'enthousiasme, et entré avec l'admiration, il sortira avec la tristesse ; aux applaudissements et aux extases sans nombre auront, jour à jour, pas à pas, succédé d'amères réflexions dont il remplira ses récits.

Hélas ! c'est l'éternelle et vieille histoire du rêve qu'on a édifié soi-même, et que soi-même on brise aussi. J'étais cet étranger il y a quatre ans. Je voyais la vie de loin et d'une haute et verte colline que j'ai descendue si vite et que je ne puis plus remonter, hélas !

Et pourtant de quels soins, de quelle vigilance assidue m'aviez-vous entouré pour me retenir dans les beaux chemins qui ne conduisent qu'aux belles et nobles passions? Cicérone de mon ignorance, vous ne vouliez m'instruire que de ce qu'il était utile de savoir, me montrer que ce qu'il était bon de voir, me donner que ce qu'il était bon d'avoir. Six mois, j'ai répondu dignement à ces soins et à cette vigilance. Mais, bientôt, il s'est éveillé en moi je ne sais quelle fièvre de rébellion, et je me suis demandé si c'était être libre qu'être dirigé. J'ai songé que c'était ne rien connaître que de ne pas connaître tout. J'ai entrevu des endroits où jusqu'alors vous aviez sinon refusé, au moins évité de me conduire, et je me suis demandé pourquoi je ne suivrais pas ceux que je voyais s'y précipiter. Et par mes paroles, par mes actions, par mes désirs jusque-là non satisfaits, vous avez compris que je désirerais être émancipé ; et, comme un tuteur fidèle qui rend ses comptes à son pupille, vous m'avez dit un jour :

— Je le vois, vous voulez être libre, complétement libre, et suivre l'ouragan qui vous emporte à l'abîme. Voici les trésors de votre jeunesse que j'ai su vous conserver ; voici la fortune que nous avons, tous riches ou pauvres, l'inaliénable trésor, qu'on ne perd qu'une fois, et qu'on ne retrouve jamais, je vous le rends : disposez-en à votre gré ; soyez prodigue, ou économe, ainsi qu'il vous plaira : Vous êtes beau, vous êtes bon, honnête, vertueux ; vous avez des trésors d'enthousiasme, de croyance et de poésie ; vous avez un beau nom qui, en plusieurs règnes, illustra l'histoire du pays, que vous pouvez illustrer encore ; vous possédez toujours la perle sans tache de votre premier amour ; je vous ai appris comment on marchait dans la vie ; je vous ai accompagné six mois, je vous accompagnerais encore jusqu'au bout si vous le vouliez... Mais vous désirez la solitude ; tout contrôle, si indulgent qu'il soit, vous gêne ; vous avez, et la défiance dans les conseils, et la confiance en vos instincts qui sont restés nobles et honnêtes... C'est bien, allez donc, vous êtes au milieu de la bonne route... marchez devant vous, c'est tout droit.

Et quand je suis resté seul, un grand cri de joie s'est échappé de ma poitrine ; vous ne m'aviez pas quitté depuis une heure que j'avais abandonné le chemin où vous m'aviez conduit pour me précipiter dans les sentiers perdus que vous m'aviez fait éviter. Comme vous l'aviez dit, j'allais à l'abîme, si j'étais resté seul, peut-être que je serais revenu sur mes pas... Mais il n'en devait pas être ainsi. — Rebelle au bien, je devins docile au mal.

— Après avoir renoncé à la tutelle d'un homme illustre, je me passai moi-même au cou un autre collier de servitude, et je me livrai aux mains de deux hommes dont les noms seuls vous feront connaître d'avance ce qu'ils ont pu faire de moi, je veux parler du comte Antony de Sylvers et de son ami Séraphin. Depuis que je les connais, j'ai acquis l'horrible honneur d'être appelé leur rival.

Hélas! Monsieur, c'est vous dire en un mot ce que je suis... et vous savez ce que j'étais.

En me voyant arrivé à eux, ces deux démons m'ont sur-le-champ lié à leurs pas et à leurs actions, ils ont commencé et achevé en peu de temps par la parole et par l'exemple mon éducation, et quand ils l'ont crue arrivée à un degré qui devait leur faire honneur, ils m'ont présenté à leur tour dans leur monde, et se sont déclarés mes parrains.

Dès lors — je n'étais plus à moi, — j'étais à eux; j'ai pris leurs opinions, leurs coutumes, leur langage, leurs passions. Comme ils me l'avaient dit, il y avait de l'étoffe en moi, car presque sans transition j'étais passé de l'ignorance extrême à l'extrême science. Enfin, de tous les points, j'étais à leur niveau, et mes débuts eurent un grand succès sur le théâtre scandaleux où nous vivions à découvert. Alors étourdi entraîné, enfiévré, j'ai suivi le courant de cette existence. Mauvaise comédie, jouée sur un mauvais théâtre, où nous n'avions pas même le mérite d'être neufs, car les rôles que nous jouions avaient été créés et joués depuis longtemps par de plus illustres que nous, avec un plus pompeux appareil de mise en scène et devant un public autrement magnifique. En nous croyant des originaux, nous n'étions que les pastiches déchus des débauchés de l'autre siècle; ces grands princes du vice, dont les blasons se perdaient dans les nuits héraldiques, qui formaient alliance avec les maisons souveraines, et dont chacun pouvait mettre la fortune d'un empire au service de sa fantaisie. Alors, oui, cette vie avait de magiques côtés, ils n'étaient point, ceux-là, comme les gentilshommes de ce temps-ci, les comparses d'une pièce dont on couvre les frais par cotisation, c'étaient plus que des acteurs, c'étaient des personnages jouant une action qui est devenue de l'histoire. Ils avaient pour public toutes les cours de l'Europe, ils marchaient la tête haute captivant les femmes par des sourires et non par de misérables élégies signées d'une pièce d'or. Ils étaient beaux, éblouissants sous leurs magnifiques habits, dont le plus modeste coûterait plus cher que la garde-robe de dix Clitandres modernes. Ils étaient insolents, mais braves, vrais fils de race, railleurs par habitude, mais prompts à demander raison de leur injure le chapeau et l'épée à la main. Au moins ceux-là pouvaient donner une fête sans être obligés de se retirer dans leurs terres pour faire des économies ; ils prenaient largement leurs aises, et comme leurs soi-disant descendants, ils n'avaient point besoin de se dire : aurai-je un cheval ou une maîtresse : et quand ils mouraient, il leur restait toujours assez d'argent pour se faire enterrer et pour pensionner des danseuses. Ils ne savaient pas compter, ni leurs amours ni leurs richesses, ces grands insoucieux se faisaient volontiers les protecteurs des gens qui, au moment même, commençaient à miner sous leurs pieds l'abîme dans lequel ils sont tombés ; les uns en chantant, les autres en buvant ; tous en riant.

Non, les parieurs de Chantilly, les dilettantes des Bouffes, tous ceux qui se servent deux fois du même paradoxe tous ces roués modernes ne sont pas les descendants des spirituels immoraux de l'autre temps, Antony de Sylvers, le vicomte Séraphin, moi-même et tant d'autres dont s'occupent les Courriers de Paris, nous ne sommes que des marionnettes à côté de ces grands artistes qui avaient su faire du vice une religion entourée d'un culte somptueux et poétique.

Après avoir mené cette vie pendant quatre ans, je me suis lassé de parader ainsi pour le plaisir des autres, car je commençais à n'en plus trouver de personnel. J'ai voulu rompre ces relations et voir ce qu'il me restait encore au fond du cœur et dans l'esprit des trésors que je possédais avant de me perdre dans ces mauvais chemins. J'ai quitté ce centre bruyant de Paris, et suis venu m'établir dans une solitude où j'ai vécu de rêveries. Et parmi toutes ces rêveries, il en était une surtout caressée avec un charme particulier. Plus que tout autre, Monsieur, vous comprendrez cette folie d'amour impossible étayée sur une chimérique espérance.

Je songeais à une femme que j'ai vue une fois seulement, à qui je n'ai jamais parlé, qui ne me connaît pas et qui a, dit-on, déposé sa couronne à la porte d'un cloître. — Cette femme, je l'aime ; son image est restée si profondément gravée dans ma mémoire, que j'ai pu faire son portrait de souvenir, et bien que je ne l'aie jamais entendue parler, je crois que je la reconnaîtrais au son de sa voix. Autour de cette pensée unique sont revenues se grouper toutes mes croyances d'autrefois qui n'étaient qu'endormies et pas mortes. Je sens refleurir en moi une seconde jeunesse plus féconde que la première ; de vagues espérances se rallument et étoilent mes rêveries au milieu desquelles l'ombre adorée m'apparaît souvent calme et souriante, et m'appelant à elle ; oh ! je sens que si on m'aidait, j'aurais bien vite retrouvé la route, la belle route où vous m'avez laissé, il y a quatre ans.

J'ai acquis de bien amères expériences, mais j'aurais si peu de mémoire, qu'il sera facile de me faire tromper encore. O Monsieur ! le génie est clément, ayez pitié de moi, je suis au fond des misères humaines, et sans une pensée d'amour, je serais entièrement corrompu.

Vous avez appris sans doute par quel concours d'inconcevables erreurs je suis détenu sous une prévention horrible. Venez à moi, que je puisse vous dire que tout cela est faux et que le crime et moi sommes encore deux inconnus.

J'ai été calme quelques jours, pensant qu'une

erreur ne pouvait se prolonger, mais l'instruction a commencé, et il en est resulté pour moi une terrible gravité. La soi-disant victime m'a reconnu pour son assassin quand j'ai été confronté avec elle, et je vois maintenant que tout ceci est bien une odieuse trame ourdie par MM. Antony et Séraphin. Je le sais, une malheureuse créature, une fange dorée me l'a appris elle-même ; elle a joué un rôle qu'elle veut continuer et auquel tout donne une apparence de vérité. Cette Louisa m'a tout avoué dans la prison où elle su se ménager un accès. Elle me proposait même de fuir avec elle. Elle m'a dit qu'elle m'aimait.

Je ne sais ce que je lui ai répondu, mais après s'être roulée à mes pieds, après m'avoir supplié, je l'ai vue se lever terrible, haletante, l'éclair aux yeux et la menace à la bouche. Puis elle est sortie en me disant qu'elle se vengerait.

Depuis cette visite, l'affaire prend une tournure tout à fait grave. On m'a communiqué les dépositions des témoins, c'est à en devenir fou. Tout ce que j'ai compris, c'est que quelques-uns affirmaient mon crime. Un seul m'a défendu et l'a fait en des termes singuliers, très-singuliers. Ce témoin, qui est une femme, paraît instruit des menées de l'odieuse créature que MM. Antony et

Séraphin ont pris à leurs gages pour jouer ce rôle. Mme Marie d'Alton qui était, sans que je le susse, ma voisine à Verrières, a pris ma défense, et m'a défendu avec une éloquence qui m'a surpris quand ou m'a lu sa déposition; elle a trouvé des mots que les femmes savent trouver quand il faut sauver d'un péril leur mari ou leur amant. Cette dame, que je ne connais aucunement, prétend me connaître, elle a donné sur ma manière de vivre d'excellents renseignements. Mais cette déposition, qui me prouve que quelqu'un ne me croit pas criminel, n'a point pour attester mon innocence le poids que les autres ont pour affirmer ma cupabilité. Toute cette obscurité infernale vient de s'augmenter encore par l'arrestation d'un jeune artiste qui demeurait à Aulnay, près de mon chalet. Il est considéré comme mon complice, et je ne l'avais jamais vu quand je l'ai rencontré sur le préau de la prison.

On commence à user envers moi des rigueurs préventives. Cette lettre est la dernière que je pourrai faire sortir, et c'est par respect pour votre nom qu'on m'accorde cette permission.

Ah! Monsieur, au nom de ma jeunesse, au nom de mon amour, ce pur diamant que j'ai conservé pur, venez à moi, votre nom est une clef qui ouvre toutes les portes, votre parole lève tous les obstacles. Venez me voir, on vous le permettra ! Que je vous voie, que je lise dans vos yeux que vous ne croyez pas à ces noires accusations. Par mon père, qui fut l'ami du vôtre, venez à moi. — Que je meure s'il le faut, en sortant d'ici, mais que je meure avant que mon nom s'inscrive éternellement et publiquement dans les archives criminelles.

LAZARE.

P.-S. — On vient de me mettre au secret ; d'horribles pensées m'agitent. Oh ! cette fois, Monsieur, je suis perdu si je ne vous vois. J'ai des rêves sanglants, contre lesquels peut à peine lutter la suave image de mon idole. — Ah ! chère rêverie ! pauvre fleur de tristesse, dois-tu mourir ensevelie dans toutes ces horreurs ?

QUATORZIÈME LETTRE

ANTONY DE SYLVERS A M. LE VICOMTE SÉRAPHIN,
A PARIS.

Vendredi, 26 juin.

Monsieur, je vous écris aujourd'hui la tête libre et le cœur soulagé. Je suis à jamais dispensé de vous donner ce nom d'ami qui sonnait si faux à mon oreille. J'ai sous les yeux la preuve écrite d'une de vos trahisons. Vous me croyez faible et lâche. Vous avez bien raison, car pendant dix ans j'ai pressé sans rougir votre main dans la mienne, et j'ai fastueusement étalé devant tout Paris ma complicité dans vos attentats quotidiens contre l'honnêteté et la candeur des belles âmes que le sort nous jetait en proie.

Aujourd'hui, tout est fini. Je vous renie et je

vous méprise. Vous avez tenté de m'arracher Marie, un ange sur qui le ciel fait retomber bien cruellement le poids de mes fautes. Mais je suis maître encore de ce trésor, ceci soit dit pour modérer un peu votre joie de triomphateur. Mais vous affirmez que Lazare aime Marie d'Alton; vous en en offrez la preuve à Louisa. Oh! vous voyez que je suis bien instruit!

Eh bien! c'est moi qui l'exige, cette preuve! Il me la faut! Et demain, soit que vous ayez impudemment menti, soit que vous ayez dit vrai, nous nous battrons. Vos armes seront les miennes. C'est un duel à mort qu'il me faut. Je suis offensé ; mais je n'use de mes droits que pour choisir le lieu du combat. Ce sera le bois de Verrières. Vous m'y trouverez demain à dix heures. M. le comte Emile de la Serjonnière et M. d'Irun-Alcarvos seront mes témoins. J'accepte les vôtres, quels qu'ils soient.

Je vous adjure de venir à ce rendez-vous. Au nom du ciel, soyez exact, Séraphin. Je vous pardonne tout, si je puis vous tuer.

Comte ANT. DE SYLVERS.

QUINZIÈME LETTRE

LE VICOMTE SERAPHIN A M. LE COMTE ANTONY
DE SYLVERS, A VERSAILLES.

Samedi, 27 juin.

Monsieur le comte,

Un duel entre nous m'est chose trop honorable et trop profitable, peut-être, pour que je ne l'accepte pas avec empressement et reconnaissance. Vous avez tort de me laisser le choix des armes. Je me battrai comme vous voudrez. Mes témoins seront M. Olivier de Besse, peintre d'histoire, et M. Alexandre, que nous trouverons chez lui à Verrières. Tout est donc fort simple, et tout est convenu.

Vous me demandez la preuve des amours de

Lazare et de Marie d'Alton. C'est à Louisa qu'il faut vous adresser. Je viens de lui envoyer la petite boîte d'écaille que Lazare réclamait si instamment. Vous avez tout le temps de procéder à cette petite vérification ; à lundi matin, au bois de Verrières.

Votre ami qui vous hait,

SÉRAPHIN.

SEIZIÈME LETTRE.

LOUISA A MADEMOISELLE BLANCHE LEJEUNE.

Dimanche, 28 juin.

Blanche, nous ne nous reverrons plus !

Que vas-tu dire en lisant ces mots que je trace avec un serrement de cœur? Je n'aurai pas le bonheur de t'embrasser et de toucher ta main fraternelle ; mais au moins je veux que tu voies ces lignes où j'ai retracé pour toi seule la triste histoire de mes seules amours. Je veux que tu saches la vérité au moment où l'on me tuera à Paris sous les calomnies et les mensonges de toute sorte. Toi seule m'as aimée ; c'est de toi seule que je tiens à ne pas être haïe et méprisée.

J'ai donc écrit pour toi ce long récit, sans rien

charger ni rien omettre. C'est une confession, et non pas seulement la mienne, car, le croirais-tu, je sais par cœur, une à une, toutes les paroles dures et cruelles que m'ont dites Lazare et le juge d'instruction, tant l'étonnement et la douleur les ont gravées dans ma mémoire. Après t'avoir mise au courant des événements qui m'ont faite seule au monde, je te raconte aussi la courageuse résolution que j'ai prise et exécutée, et qui me relève un peu à mes propres yeux.

Il est cependant une chose que, par une dernière pudeur, je n'ose pas t'avouer; mais une lettre de Théodore, que tu trouveras jointe à celle-ci, t'expliquera tout et te fera comprendre mon départ. Commence donc la lecture de cette triste histoire, et juge-moi avec toute l'indulgence que devraient avoir les unes pour les autres toutes les véritables filles d'Eve, c'est-à-dire toutes les femmes qui sont véritablement belles et amoureuses.

Tu sais déjà, par Théodore, que j'ai été voir Lazare à Versailles, et que je t'écris la tête fendue en quatre. Mais, ce que tu ne sais pas, c'est que la pauvre fille qui t'écrit n'est plus la funambule qui faisait si bien le saut périlleux et le combat au sabre.

Donc, en quittant Théodore, j'ai tâté l'or de mes

poches et les billets de mon portefeuille, et je me suis trouvée en face d'un geôlier. Tu penses que j'avais préparé pour ce Cerbère des gâteaux de miel de toute espèce, puisqu'il s'agissait là non pas d'un vulgaire geôlier de tour de Nesle, mais de M. Perdrizeaux, mon véritable père.

— Malheureuse ! s'est-il écrié, dans quel état vous retrouvai-je, après l'éducation que...

— Voyons, lui ai-je dit, pas de bêtises ! En fait d'éducation, vous avez assassiné ma mère, mais pas assez pour l'empêcher de me vendre vingt francs à une troupe de saltimbanques ! — Parlons raison.

— Ingrate ! a repris mon père, si ta pauvre mère te voyait, elle qui est une sainte, et que j'ai tant aimée ; si elle te voyait en habits d'hommes et avec des moustaches ! Malheureux père ! Je ne sais si je dois gémir ou te maudire ! — De fausses moustaches !

— Bon ! lui ai-je dit, ne voudriez-vous pas que j'en eusse de vraies ? Quant à ma mère, je sais sur quel grabat vous l'avez laissée mourir ; mais laissons cela, le temps presse, et je ne suis pas déjà si à l'aise en habit noir.

— Moins noir que votre cœur, a soupiré mon père en parodiant le père Sournois des *PetitesDanaïdes*. Dois-je vous maudire ou...

— Pas de bêtises! papa, ai-je dit cette fois d'une voix ferme. Ça pourrait durer jusqu'à demain, ces choses-là. Moi, ça m'ennuie ; je suis dans la pantomime. Ecoutez, papa ; il faut que je voie M. Lazare, qui est ici, et tout de suite. Je sais que vous n'êtes pas content ici ; vous avez fait des tas de petits commerces, et M. le procureur du roi vous trouve trop spirituel. D'ailleurs, vous vivez sur de vieilles histoires drôles, des rengaînes; vous voilà geôlier romantique. Sans fard, papa, voulez-vous une retraite honorable, avec une absolution garantie par de grands personnages qui s'intéressent à moi ? On vous fera une vieillesse heureuse à l'hospice des Petits-Ménages.

— Mais, a objecté le vieillard déjà ravi, je suis garçon...

— Ça ne fait rien, ai-je dit; on y veillera. Et puis, si vous l'aimez mieux, vous aurez une jolie petite maison en Bretagne, en Normandie ou à Vaugirard; une cabane bien propre, avec des vaches, des poules, un petit enclos et une pension suffisante pour satisfaire vos petites habitudes. Si cela vous va, il faut nous servir en tout et ne pas faire le geôlier de théâtre avec une honnête fille qui a la clef d'or et qui est de votre sang, après tout. Nous sommes le pot de fer ; soyez gentil;

vous vous trouveriez mêlé à des parties de lansquenet trop fortes pour vous, et dans lesquelles vous pourriez perdre un peu plus que vos petites épargnes. Vous voyez qu'on veut faire quelque chose pour vous; laissez-vous faire.

Blanche! M. Perdrizeaux, mon père, a pleuré très-convenablement en levant les bras en l'air, comme Laurençon dans le ballet de Blache père. Il s'est jeté dans mes bras et m'a donné un baiser d'oncle au front, presque un baiser de père.

— Ah! s'est-il écrié en entrecoupant ses paroles de petits sanglots, je retrouve ton cœur; on ne m'a donc pas gâté mon enfant! Comme tu es grande! comme tu es forte! Ma mie, comme tu dois être belle, dans le combat au sabre, avec une cuirasse d'or, quand on monte un mélodrame nouveau de M. Pixérécourt!

Et il me touchait, il m'embrassait, il me tapotait comme Bocage fait à Mademoiselle Fitzjames dans *Diogène*, en faisant trembloter les coudes et en bénissant à tort et à travers.

— Papa, lui ai-je dit très-gentiment, on ne monte plus de mélodrames de M. Pixérécourt. Il est enterré, et il a un joli petit tombeau. Mais, quand vous viendrez à Paris, je vous donnerai des billets pour le Cirque, et vous verrez Mlle Blanche Lejeune, une crâne femme, qui fait le saut périlleux à cheval par-dessus quatorze soldats qui tirent des coups de fusil. En attendant, voilà de l'or, c'est moins trompeur ; conduisez-moi tout de suite près de M. Lazare.

— Tu es mon Antigone, m'a dit mon brave homme de père de plus en plus attendri. Surtout, j'espère que tu ne viens pas pour détourner le prisonnier de ses devoirs ! Prends garde ! il y a une marche.

Et il s'est mis à me conduire, sans plus d'observations, par d'affreux corridors humides, un peu moins laids que ceux de la Gaieté. Enfin il s'est arrêté devant une lourde porte, et m'a dit :

— C'est ici. Combien te faut-il de temps ? Je lui ai répondu : Une demi-heure, et j'ai pris mon cœur à deux mains, décidée à vaincre ou mourir dans cette demi-heure fatale. Alors mon père a ouvert la grosse porte avec une grosse clef ; et comme il s'éloignait avec sa lanterne, j'ai vu reluire dans le corridor sombre son or qu'il comptait, et ses yeux qui s'enivraient à voir ruisseler cet or tout neuf.

Alors, j'ai frémi, j'ai eu froid, j'ai tiré tout doucement la porte, je suis entrée sans faire de bruit, et voici ce que j'ai vu :

Dans un salon d'hôtel garni, Lazare très-beau, très-bien mis, étendu sur un divan bleu, déclamait avec enthousiasme. Voici ce que j'entendis :

Ame, flamme, amour, altère, jour, cythère, pensée, offensée, châtiment, Gomorrhe, véhément, dévore.

En voyant Lazare gesticuler avec une sorte d'ivresse sous les reflets verts d'une lampe à abatjour, en le voyant réciter follement ces mots sans suite, je poussai un cri bien naturel.

C'est alors que Lazare m'aperçut.

Tu me vois, moi, mes belles hanches dessinées par ce pantalon que tu regardes comme le chef-d'œuvre de Dusautoy, et qui tombe si crânement sur mon soulier verni ; mon cou, étalant ses blancheurs marmoréennes dans une cravate blanche comme la neige ; mes mains gantées avec génie, et mon manteau de mélodrame drapé comme le jour où j'ai joué, sur le théâtre des Batignolles, *Byron à l'école d'Harrow*.

A ma vue, Lazare, immobile d'étonnement, resta comme hébété pendant quelques secondes, enfin ses couleurs charmantes revinrent colorer ses joues ; tout rassuré, il m'offrit la main, me fit asseoir, et continua :

— Blâme, m'enflamme, jouvenceau, extrême, beau, même.

Puis, tout à coup, s'interrompant :

— Pardon, Monsieur ou Madame, me dit-il, mon étonnement est bien naturel, et vous en comprendrez facilement la cause. Au moment où vous êtes entré, je me récitais à moi-même les stances de Voiture, *sur sa maîtresse rencontrée en habit de garçon, un soir de carnaval.*

Et, comme je laissais échapper un geste d'incrédulité :

— Ne soyez pas surpris ou surprise, Monsieur ou Madame, ajouta-t-il ; quand je me récite des vers pour moi, je ne dis que les rimes. Mais vous concevez combien votre vue donnait de réalité à la charmante rêverie du poëte, et avec quelle conscience je devais m'écrier :

> Mais je ne crois pas que l'on blâme
> L'amoureuse ardeur dont m'enflamme
> Le bel œil de ce jouvenceau,
> Ni qu'aimer d'un amour extrême
> Ce que nature a fait de beau
> Soit un péché contre elle-même.

Blanche, il me récitait ces vers avec tant d'âme

et d'enthousiasme, que j'ai été le jouet d'une illusion folle. Je lui ai dit toute émue :

— Vous m'aimez, Lazare ! Est-ce vrai !

— Mais, Monsieur ou Madame, m'a-t-il répondu d'un ton ironique, il faut pourtant distinguer. Je suis moins éclectique que M. de Voiture, et pour savoir si je vous aime ou non, je ne serais pas fâché de savoir à peu près si vous appartenez à la plus belle ou à la plus laide moitié du genre humain. Les deux sexes ont leurs spécialités. Si vous êtes un homme, vous pouvez servir à faire cette espèce de chose qu'on nomme, je crois, un ami, cette machine perfectible qui vous use votre cœur, votre argent et votre temps. Si vous êtes une femme, une fleur, comme dit M. Dupaty, vous avez en vous l'étoffe d'une charmante courtisane, c'est-à-dire que vous êtes capable comme un autre de vous faire faire des mots par Laurent-Jean et de les réciter avec un sourire d'occasion dans un cabinet du Rocher-de-Cancale, en buvant du vin du Rhin fait avec toutes sortes de choses.

— Hélas ! lui ai-je dit, je suis moins qu'une courtisane, je suis une funambule. Mais, Lazare, ne devines-tu pas en me voyant ici que je suis une malheureuse qui t'aime ?

— Funambule, s'est écrié Lazare. Ah ! Ma-

dame, voilà une dignité dont il ne faut pas faire
fi ! Moi-même, du temps que j'étais jeune et ambitieux, j'ai désiré cette gloire. Mais faute d'aptitude, j'ai dû m'en tenir à la poésie. Quelle pure
volupté vaut pour un cœur doux et honnête celle
d'avaler des sabres, de faire la crapaudine et de
danser sur des œufs en pinçant de la guitare ! Vous
l'avouerai-je ? J'ai été frénétique de M. Auriol
qui, en s'élançant de son lit, tire sa sonnette avec
son pied, et qui saute par-dessus ses amis quand
il les rencontre. Mais en voyant ce célèbre clown
dans la vie privée, j'ai été épouvanté de la quantité de velours et de chaînes d'or qu'il consomme
pour sa toilette particulière. Plus tard la pantomime des Funambules m'a enivré de ses séductions ; j'aurais voulu y jouer les Cassandres, avec
tous les honneurs attachés à cet emploi. J'enviais
le sort du mortel vénérable, qui, dans l'intérêt bien
entendu de l'art, se fait briser le crâne plusieurs
fois par soirée. En rapportant à sa famille le pain
quotidien, il se dit avec orgueil qu'il l'a gagné en
recevant un certain nombre de soufflets, calottes,
giffles, chiquenaudes, nazardes, croquignoles et
coups de pied dans les reins, et non par les lâchetés et les infamies que la plupart des hommes mettent en usage pour acquérir des richesses. Donc

j'ai prié M. Laplace, Cassandre des Funambules, de me céder sa perruque, son emploi, et le secret de son organe. En échange, je lui offrais de l'adopter, de lui donner mon nom, et de lui transférer mes titres de propriété. M. Laplace a refusé ; il n'a pas trouvé que je fusse un père convenable, et d'ailleurs il exècre l'aristocratie. Voilà, Madame, pourquoi je fais des vers tyriques. Mais si vous êtes en effet funambule, de quel droit venez-vous, environnée de cette gloire, insulter à ma faiblesse et à mon impuissance ?

— Ah ! me suis-je écriée, je sais que vous êtes en effet un grand seigneur et un grand artiste, et que je suis en effet une misérable sauteuse. Mais enfin, il me semble qu'on peut repousser une femme et la fouler aux pieds, sans rire ainsi de cette malheureuse quand elle vous aime. Tiens, Lazare, il faut que tu aies l'âme terriblement gaie pour plaisanter à cette heure-ci dans une prison et quand je te dis que je t'aime. Tu ne sais donc pas qui je suis ? Je suis celle à qui tu appartiens, car elle t'a acheté au prix de toutes sortes de mensonges ; je suis ta maîtresse, car je t'apporte la vie ou la mort. Je suis Louisa.

Lazare s'est incliné et m'a dit en souriant :

— Et quoi ! Madame, c'est vous que j'ai eu l'honneur de tuer il y a quelques jours ? Que pensez-vous du cimetière de notre petite ville ? Les logements y sont-ils un peu confortables ? Dites-moi, Madame, qu'y a-t-il de vrai sur la vie future ? Certes, Ninon et Cléopâtre ont dû pâlir de jalousie en vous voyant arriver aux sombres bords, et Mme Saqui, cette grande femme qui traversait la Seine sur une corde roide en costume de Pallas victorieuse, a du vous faire une belle réception. Dites-moi, je vous prie la Mort est-elle blonde ?

— C'est ce que vous saurez bientôt, Lazare, ai-je dit avec fureur, si nous perdons ainsi le temps précieux que j'ai à vous donner. Pour tout le monde vous êtes mon assassin. Moi seule peux vous sauver. Voulez-vous vivre ?

— Si je vous comprends bien, m'a répondu Lazare, il s'agit pour moi de laisser la guillotine pour une charmante maîtresse qui peut m'enlever à bras tendu vers le bleu pur. Nous ferions des tournées en provinces, et pendant que vous coifferiez le casque empanaché, moi, vêtu en lancier polonais avec un pantalon blanc, un habit rouge et une casquette, je jouerais la clarinette sur un tréteau pour attirer les bonnes et les militaires !

Blanche, je suffoquais. Tout mon sang avait

reflué vers mon cœur, et j'étais pâle comme une morte. L'amour, la haine et la rage m'enivraient de tous leurs poisons. Enfin, j'ai crié à Lazare, d'une voix étouffée par les sanglots :

— Oh! vous êtes infâme! vous êtes lâche! je vous apporte la vie, et vous me tuez? Je vous apporte l'amour et vous m'insultez! Que vous ai-je donc fait, Lazare? est-ce un crime de vous aimer, et n'avez-vous pas honte de torturer une femme qui vient vous sauver à travers mille morts?

Lazare, comme fatigué, avait appuyé sa tête dans ses mains. Quand il la releva, sa figure ironique avait pris une expression calme, digne et fière. Il me dit de sa voix à la fois terrible et mélodieuse :

— Écoutez-moi donc, Madame, s'il est vrai que vous vouliez parler sérieusement, et que tout ceci ne soit pas une plaisanterie. Vous m'aimez, dites-vous, et c'est sans doute à cet amour que je dois mon avenir perdu, mon cœur desséché, le nom de mon père traîné dans la boue. Donc, vous voilà, Madame, belle, heureuse, enviée. En descendant de cheval, vous tombez dans les bras des princes et des ducs régnants ; l'or la soie et la pourpre antique sont bons tout au plus à vous faire des costumes de théâtre, et tous les lauriers du monde ne croissent que pour couronner le front de votre cheval ; tous ces lustres brillent seulement pour vous faire un front radieux ; vous posez votre brodequin victorieux sur tous les fronts ; vous fondez dans toutes les coupes la perle impériale de Cléopâtre. Cependant, du haut de l'atmosphère rose et bleue de cette apothéose, vous distinguez bien loin sous vos pieds, au fond de l'ombre, un rêveur obscur et inconnu qui ne vous connaît pas, qui seul peut-être ne vous connaît pas, mais qui ne fait d'ombre ni sur vos joies, ni sur vos amours, ni sur vos triomphes, ni sur le festin étincelant de votre vie. Dans un caprice frivole, vous vous écriez : Je l'aime ! comme vous vous êtes écriée la veille : J'aime ce lustre de Venise, cette perle d'ophir, ce camée de courtisane romaine! Ce malheureux que vous avez daigné choisir pour féeries de votre amour, si je vous ai bien compris, c'est moi, Madame.

C'est moi, Lazare. Avant que votre caprice fantasque m'eût marqué pour les supplices de ce triomphe, ma vie était faite tout entière de devoirs remplis, d'honnêtes rêveries, de pieuses contemplations, d'amitiés bonnes et illustres. Tout le temps que je ne donnais pas à la nature et à moi-même, je le passais au milieu de cette belle et noble société parisienne, où chaque parole est un enseignement, chaque geste une harmonie, chaque sourire un poëme. Cependant voici que vous m'aimez, Madame, et tout est changé. Deux hommes, deux démons, viennent me voler ma vie et la dépenser comme un bien qui leur appartient, dans toutes sortes d'intrigues basses et honteuses. Ma jeunesse, ils la tuent dans l'orgie ; mes amitiés, dans le doute : mes amours, dans l'ennui et de désespoir. Ils m'exilent parce que vous me voulez seul comme une proie facile ; il vous prend fantaisie de sauter du haut d'une maison, et voici que je suis un assassin voué à la guillotine ! Maintenant vous venez me dire que vous m'aimez, et vous venez m'offrir la vie. La vie ! Et quelle vie ? La vie avec vous n'est-ce ? Merci, Madame, je n'en veux pas ! Vous, m'aimez, n'est-ce pas ? Je le sais bien. Votre amour, cela veut dire lâcheté, cela veut dire infamie, cela veut dire bagne, et j'aime mieux la guillotine tout de suite. Ah ! vous faites la coquette, et vous vous amusez à mettre sur votre chemin des rivales comme celle-là ! Et puis après vous venez dire : C'est assez, je reprends mon bien ; cet homme est à moi et non à la guillotine, c'est mon fiancé et non pas le sien. Qu'on me le rende !

Il est trop tard, Madame.

Et puis, à vous dire vrai, j'aime mieux ces amours de place publique, sous les yeux de l'aurore vermeille, que vos infâmes amours qui vont déguisées dans la nuit, avec je ne sais quelles protections de geôliers et de bourreaux. Avec elle, je tomberai dans la pourpre de mon jeune sang, le regard perdu dans les splendeurs du ciel et le col baisé par les lèvres vierges de l'acier. Mais, avec vous, Madame, avec vous qui m'avez déjà fait vieux et méchant avant que je vous connusse, comment mourrais-je, grand Dieu ! et depuis combien de temps serais-je cadavre, le jour où mes yeux se fermeraient. Mais grâce au ciel, je ne vous aime pas ; je ne vous connais pas, Madame, vous entrez violemment dans ma vie, et moi je vous en chasse ! Vous voulez baiser mon front, et moi je vous dis : J'aime mieux le baiser du couteau. Vous venez me sauver, eh bien ! j'aime mieux être perdu. Vous m'aimez, eh bien ! je vous hais ! Et si vous saviez, Madame, combien de mépris il y a dans cette haine, et combien peu de haine, vous me fuiriez en cachant votre front dans vos mains et sans dire un mot de plus. Je vais mourir, Madame, et par vos soins ; laissez-moi ces heures pour me repentir, non pas d'avoir commis des fautes ou des crimes, mais d'avoir été aimé par vous. Et s'il faut encore cela, je vous pardonne. Mais, laissez-moi ! Tout est dit.

Blanche, comme si le tonnerre fût tombé sur mon front, et l'eût ouvert, j'ai vu en moi, j'ai compris tout ce que j'ai fait d'horrible, et je me suis roulée aux pieds de Lazare. J'ai voulu pleurer, prier, supplier, mais d'horribles convulsions me tordaient sur le parquet. Alors, dans l'agonie de ma fièvre, j'ai vu la figure de Lazare éclairée et adoucie par la pitié. Il s'est penché vers moi, en me prodiguant mille soins et me demandant pardon d'une voix tout émue. Quand j'ai été revenue à moi il m'a parlé avec une voix si douce, que j'ai cru voir et entendre un enfant.

— Pardonnez-moi, m'a-t-il dit, j'ai oublié un moment le respect et l'adoration qu'on doit à toutes les femmes. Mais voyez enfin mon cœur à découvert, vous qui vouliez ensevelir votre jeunesse et votre amour dans ce cœur ravagé.

Vous me tuez parce que vous n'êtes pas aimée, Madame ; moi je meurs parce que j'ai aimé. Alors sans pitié pour les tortures que son récit me faisait éprouver, il m'a longuement raconté son amour d'enfant pour une femme inconnue, amour resté pur à travers tous les orages de sa vie.

— Oui, m'a-t-il dit en finissant, son nom sera le dernier mot que prononceront mes lèvres. Au moment fatal, je verrai son visage me sourire dans les splendeurs du soleil levant, comme je le voyais inondé de rayons dans les fêtes de l'Opéra ! Je la retrouverai au milieu des lueurs matinales, avec son front clair et ses cheveux bruns aux reflets roses ! Enfin, je saluerai d'un dernier regard sur son cou virginal et sur ses mains de reine, ce collier et ces bracelets de ruban couleur du ciel que je lui ai toujours vus et qui semblent faire partie d'elle-même ! Et, les yeux déjà perdus dans l'infini, je couvrirai d'un baiser idéal sa lèvre tantôt rougissante et pâle, sous laquelle se détache, sombre comme la nuit, un signe merveilleux, comme pour désigner entre toutes sa beauté pleine de lumière !

Blanche, une idée terrible m'avait déjà traversé l'esprit. A ces mots, je ne doutai plus. Prompte comme l'éclair, je pris dans ma poche la petite boîte d'écaille que m'a envoyée Séraphin, et je montrai à Lazare le portrait de Marie d'Alton !

Lazare s'écria hors de lui :

— Vous la connaissez !

Dans ma colère, je voulus briser cette miniature, mais Lazare s'en était déjà emparé. Une seconde fois, accablée par la douleur, je tombai à ses pieds en murmurant :

— Marie d'Alton !

Lui, il répéta avec une expression d'étonnement à me faire douter de la vérité :

— Marie ! Marie d'Alton !

Mais hélas! j'étais trop convaincue! Je me roulai comme folle aux genoux de Lazare. Puis ce furent les supplications les plus insensées. Toujours agenouillée, je lui criais :

— Non ! n'est-ce pas que tu n'aimes personne ! Oh! non ! pas celle-là du moins ! Eh bien! puisque tu ne veux pas m'aimer, adore qui tu voudras, je te sauverai tout de même, mais dis que ce n'est pas Marie d'Alton? Oublie-la, qu'est-ce que cela te fait? Tu ne m'aimeras pas, mais moi, je t'aimerai, je te servirai, tu seras adoré à genoux! Dis, je serai ta sœur et ta servante ! Dis que tu n'aimes pas Marie !

Alors Lazare me mit sous les yeux le portrait et me dit en pleurant :

— C'est là Marie d'Alton, n'est-ce pas?

— Oui, lui répondis-je, sans comprendre.

— Eh bien, reprit-il d'une voix ferme, j'aime Marie d'Alton.

Alors je me suis relevée comme une lionne, et lui ai crié avec toutes mes fureurs :

— Ah ! vous aimez Marie d'Alton, parce que c'est une honnête femme, n'est-ce pas ! Eh bien ! votre Marie est une coquette et une intrigante ! Elle est la maîtresse de M. de Sylvers ! une fille entretenue et qui ne me vaut pas ! une femme perdue qui vit avec un homme perdu et qui a usé les dédains de son amant ! Ah ! c'est pour elle que vous m'avez dédaignée et foulée aux pieds ! Parlez-moi donc de votre Marie ! Une courtisane !

La tête de Lazare est devenue effrayante de colère et d'indignation. Il m'a dit : Sortez ! avec un geste terrible, et moi, ô honte ! échevelée comme une furie, ivre de jalousie et de rage, je me suis enfuie en criant : vengeance !

C'est ce soir-là que j'ai voulu mourir et que je me suis brisé le front contre l'angle d'une commode, chez Marie d'Alton. Je croyais bien que tout était fini ; mais hélas ! je vis encore pour maudire la vie !

En rouvrant les yeux, la première personne que je vis, ce fut Marie d'Alton qui veillait à mon chevet, pâle et les yeux en pleurs.

Oh ! qui pourra nous expliquer à nous autres femmes, les secrets de nos cœurs ! Quand j'avais à la prison comme une folle, je songeais à Marie comme à une victime qui m'appartenait, et j'aurais traité d'insensé celui qui m'aurait dit que je ne la foulerais pas sous mes pieds, que je ne la déchirerais pas avec mes dents et avec mes ongles! Eh bien, lorsqu'en revenant à la vie, j'aperçus penché sur le mien son noble visage plein de pitié pour moi, j'ai senti ma colère s'évanouir comme un mauvais rêve.

— Quoi! lui ai-je dit, vous ici, Madame, c'est vous qui m'arrachez à la mort!

— Ne parlez pas, m'a répondu Marie! Pauvre enfant, vous avez bien souffert? il y trente-six heures que j'épie votre souffle et le battement de votre cœur et que je frémis à chaque tressaillement de la lèvre. Mais je savais bien que vous ne pouviez pas mourir si jeune et si belle!

— Oh! me suis-je écriée, je voudrais pouvoir tomber à vos pieds. Quoi! vous savez que j'aime... que j'aimais Lazare... Vous savez que je vous hais, et vous me sauvez!

— N'êtes-vous pas comme moi une femme malheureuse, et malheureuse par l'amour? m'a dit Mme d'Alton avec une douceur angélique. N'avez-vous pas voulu mourir parce que vous n'êtes pas aimée? C'est tout ce que je veux savoir! Puisque vous avez su lire au plus profond de mon cœur, vous savez que moi aussi j'aime sans espoir et de toutes les forces de mon âme celui qui vous a dédaignée. Que cela vous donne le courage de vivre ! Je serai votre sœur et je tâcherai de guérir aussi les blessures de votre cœur. Je n'ai pas besoin de vous dire que puisque j'ai eu cette grande joie de vous arracher à la mort, tout ce que j'ai est à vous comme moi-même. Vivez, chère enfant; vous aurez une existence calme et indépendante sinon heureuse ; c'est-à-dire que vous pourrez pleurer à votre aise. Voulez-vous?

En disant ces mots, Marie m'a embrassée au front, et ce baiser m'a fait l'effet d'un baptême.

Oh ! me suis-je écriée, vous êtes un ange. Mais savez-vous ce que c'est qu'un véritable rayon de soleil qui vient éclairer le cœur plein de ténèbres d'une courtisane? Marie, je vous jure devant Dieu que je n'aime plus Lazare. Puis, j'ai prié Mme d'Alton de me laisser seule, et elle a obéi avec cette admirable intelligence qu'ont les femmes excellentes.

Alors je me suis habillée à la hâte. Enveloppée d'une mante, j'ai pu sortir sans être remarquée et j'ai béni Dieu de ce que pouvais marcher sans trop souffrir.

Tu me devines, n'est-ce pas, chère Blanche ! J'ai fait ce que tu aurais fait. Je me suis rendue chez le juge d'instruction et je lui ai tout raconté. J'ai aussi écrit sous ses yeux un récit très-circonstancié, contenant toute la vérité, sans mensonge et sans réticence.

Le juge d'instruction tenait à la main une lettre de M. de B... Il savait tout déjà.

— Madame, m'a-t-il dit, je connaissais le fond de cette déplorable affaire ; et cependant vous sauvez bien des peines à la justice qui aurait eu tant de difficultés à faire éclater l'innocence de M. Lazare. M. Lazare sera libre demain.

Ce juge est un homme simple, vénérable comme un bon prêtre catholique. Il m'a dit ensuite, avec une douceur qui atténuait encore l'effet de ses paroles :

— Vous connaissez d'avance tous les reproches que je pourrais et que je devrais vous faire, Madame. Mais la confession que vous avez eu le courage de me faire me prouve que le repentir a lavé les plaies vives de votre cœur. D'ailleurs, l'amitié de Mme d'Alton m'est un sûr garant de votre avenir. Ne songez donc plus à vos fautes passées, si ce n'est pour bénir celle qui aura été pour vous plus qu'une sœur et plus qu'une mère !

J'ai couru chez Mme d'Alton. Elle s'était aperçue de mon absence, et elle m'attendait avec mille inquiétudes. Je me suis jetée dans ses bras, en l'appelant : « Ma chère Marie ! » et je lui ai dit tout ce qu'elle ignorait, le désespoir de Lazare et son amour pour elle.

Tu vois bien, ô ma sœur ! que ma vie est finie, celle de mon cœur du moins. Prends mon dernier baiser, et songe à moi, quand la Célestine, mon heureuse rivale, fera tourbillonner devant le public, au galop du cheval, sa jupe de crêpe rose semée d'étoiles !

Adieu ! adieu !

DIX-SEPTIÈME LETTRE

(Incluse dans la précédente.)

THÉODORE A MADEMOISELLE LOUISA.

Dimanche matin

J'espère, Louisa, qu'en recevant cette lettre, écrite par un homme qui habite le même toit que vous, vous aurez le bon goût de ne point vous étonner, comme ferait un vulgaire personnage de roman. Vous savez combien certaines choses sont difficiles à dire, vous que l'amour a laissée toute meurtrie ; et moi, j'ai à vous dire la plus difficile de toutes : je vous aime.

Je vous aime, et c'est assez vous dire que je vous aime depuis la première seconde où je vous ai vue. Vous ne croirez pas que cet amour soit un amour de circonstance né dans mon cœur le jour où Lazare vous a dédaignée.

Vous me connaissez trop bien pour me prêter une aussi mesquine combinaison, et je ne me justifie pas de ce crime, dont vous ne sauriez m'accuser. Mais, dussiez-vous me haïr, aujourd'hui que tout est fini, je vous dirai sans crainte : Je suis heureux pour vous que Lazare ne vous ait point aimée, car il n'aurait pas su vous aimer.

Lazare vous eût aimée avec son imagination sans frein et vous eût égarée avec lui dans les déserts de son ambition. Moi, Louisa, je vous aime, parce que vous êtes belle, forte et courageuse, parce que vous pourriez bander un arc ou lancer un javelot comme Hippolyte, reine des Amazones, et parce qu'en vous voyant je crois que la Vénus grecque a encore une fois animé quelque statue de Pygmalion ou de Polyclète. J'aime votre front étroit, qui semble taillé dans le granit ; vos sourcils tordus comme un arc, vos yeux où brille une flamme, vos narines insolentes. J'aime vos lèvres rougissantes comme une pourpre ensanglantée, et ces bras vigoureux, cette stature et ce port de déesse, et, sur ce front éblouissant, ces cheveux noirs comme l'Érèbe et tordus comme les ondes du Cocyte, que Phidias eût représentés par un assemblage d'ébène sur une statue de marbre blanc de Paros.

Vous êtes sage et hardie comme toutes les créatures dont la forme est excellente ; c'est pourquoi je veux faire de vous la compagne de ma vie. Moi aussi je suis beau, fort et industrieux ; j'aurai bientôt les honneurs et la richesse ; car la fortune est une grande dame sans charité, qui ne donne qu'à ses amants. Ce que je vous offre, c'est d'être adorée comme une divinité ; et vous savez bien que mon culte ne se lassera pas, puisqu'il durera aussi longtemps que votre beauté immortelle.

Et puis vous êtes un admirable motif à poésie. En vous voyant, je vois voltiger autour de moi des rhythmes inconnus qui suffiront à réconcilier les lyres et les voix. Je vous aimerai comme j'aime le vin, l'or, la pourpre, la sculpture, la poésie, la beauté et surtout l'amour qui contient tout cela. Je ferai de vous une femme immortelle comme Cléopâtre, Délie et la Guiccioli, ce que j'aurais fait de Blanche, qui comprend si bien la mise en scène des arts, si elle eût été un peu moins maigre. D'ailleurs, si vous acceptez l'amour que je vous donne, vous n'aurez point à rougir au premier regard que nous échangerons ; car je ne serai point étonné, et je comprendrai que ce que vous faites est bien.

Je quitte demain la France. Je vais voir la Grèce, ma vraie patrie. Si vous voulez, nous pourrons voir ensemble, appuyés l'un sur l'autre, cette terre d'harmonie et de soleil qu'habitaient autrefois des déesses et des nymphes semblables à vous. Nous serons ensemble sous ces noires forêts de pins de Thessalie, où se rencontraient des bacchantes et des amazones; ensemble au sommet de ce Parnasse couronné de neige, où dansaient nues les Muses et les Grâces; ensemble sur les rives fleuries de ce beau fleuve qui laisse entrevoir ses flots d'or et d'argent à travers des berceaux de lauriers-roses! Quel plaisir de ne pas visiter l'Italie et de ne pas cueillir de vergiss-mein-nicht sur les bords du Rhin ! En quittant ces beaux lieux, Louisa, vous serez une Grecque d'Ionie. Alors, ô femme adorée! les grandes dames qui disent : Ces femmes-là ! en parlant de vous, s'enivreront des odes où je vous aurai chantée.

P. S. — Vous comprenez, Louisa, que, malgré mon courage, j'hésite à entendre un *non, non* qui changerait toute ma vie. Voici donc ce que je vous demande. Vous savez combien j'aime vos cheveux, ces immenses cheveux noirs qui ressemblent au casque échevelé d'une guerrière ; envoyez-moi par Julie une tresse de ces beaux cheveux ; c'est un souvenir qu'au moins vous ne pouvez refuser à l'ami ; si cette tresse est entière, je saurai qu'il me faut renoncer à vous ; si je ne reçois que la moitié de cette tresse, coupée au milieu, je pourrai défier, à l'avenir, Lamartine et Musset, ces poëtes qui, en fait de maîtresse immortelle, n'ont que la gloire !

THÉODORE.

P. S. — Avant de te quitter pour jamais, chère Blanche, il faut que je te le redise encore une fois : je t'ai aimée comme ma seule amie. C'est donc à toi, ma petite chérie, que revient de droit l'autre moitié de cette tresse fatale, que je n'aurais jamais dû couper ! Adieu ! Puisse cette lettre, encore humide de mes pleurs, te porter mes derniers baisers !

DIX-HUITIÈME LETTRE.

VALENTIN A M. OLIVIER DE BESSE.

Versailles, dimanche 28 juin.

Très-cher, tu as renoncé bien vite à la vie tranquille et patriarcale pour reprendre le grand train d'autrefois. Te voilà depuis deux jours à Paris, et déjà tu subis l'influence du bruit, des intrigues et du tourbillonnement de la capitale. Tu t'adresses à un pauvre détenu qui meurt d'ennui entre ses quatre murs, et tu prends à peine le temps de lui griffonner quelques lignes charmantes. Je les reçois à l'instant, et je te remercie courrier par courrier de ton bon souvenir, de tes bonnes intentions. Les démarches que tu te proposes de faire pour mon acquittement sont désormais inutiles. Quand tu recevras cette lettre, je serai libre. — Dieu merci ! la plaisanterie durait depuis assez longtemps.

Le juge d'instruction m'a fait appeler ce matin dans son cabinet. Il m'a reçu avec une franchise toute cordiale ; sa figure n'avait pas ce caractère sournois qui, ordinairement, intimide si fort ceux que ce magistrat interroge. J'ai été pour lui M. Valentin Raynal, jeune homme, très-jeune homme, mais pas un seul instant l'assassin de Louisa. Je suis pur comme l'antique de tout crime à Verrières et ailleurs. Au moment de me quitter, il n'a cependant pu résister au plaisir de se draper dans sa robe de magistrat, et de montrer un angle de son bonnet carré. J'ai subi une tirade sur l'impardonnable légèreté des jeunes gens, sur les résultats terribles que peuvent amener une étourderie, sur le respect dû à la famille, sur les exigences sociales et la sévérité des lois, enfin un *speech* digne d'un avocat général. Il paraît que je l'échappe belle, et que, sans l'intervention d'un grand personnage qui a mis beaucoup d'insistance à étouffer cette affaire, ma perruque m'eût coûté plus cher que les collections de Désiré et de Galabert, et j'eusse été voué, pour quelques mois, à la triste et unique société de Perdrizeaux : tout cela pour exercice illégal de la médecine.

Bref, je suis retourné dans ma chambre (le mot prison me donne la chair de poule), j'y ai trouvé Perdrizeaux tout contristé du départ de M. Lazare, un homme si généreux et sur lequel il comptait au moins pour six mois. La nouvelle de mon élargissement l'a rendu stupide; il est tombé sur le bord de mon lit en murmurant : — Et vous aussi vous me quittez ! Moi qui comptais vous faire faire le portrait de la petite Balut, puis celui de la Fouine, puis celui de Chalandard, et puis bien d'autres encore à qui je l'avais promis. Et vous partez. C'est donc vrai qu'il ne faut compter sur rien dans ce monde !

Cette sortie du brave Perdrizeaux, à l'endroit du monde qu'il n'a guère vu qu'au travers d'un guichet, m'a fait bien rire; je l'ai consolé en lui assurant que le plaisir que j'avais à le quitter ne m'empêcherait pas de revenir exécuter le portrait que je lui ai promis.

Quand j'aurai terminé cette lettre que je t'écris encore de la prison de Versailles, toutes ces séries d'événements, moitié comiques, moitié tragiques, auront cessé pour moi ; quand j'aurai passé le seuil de cette triste maison et remis les deux pieds dans la rue, je rentrerai dans la vie ordinaire, je passerai à Verrières, chez l'ami Alexandre, et je reviendrai te joindre à Paris ; là je reprendrai mon collier de travail et je traînerai ce terrible boulet, que le prosaïsme et la vulgarité des bourgeois attachent au pied des artistes, qui, n'ayant pas de compte ouvert chez un banquier, ne peuvent que gémir et se plaindre tout bas.

Je ne regrette assurément pas ma prison ; mais je ne veux pas non plus trop me plaindre de ces quelques heures de tribulations et d'ennuis. Plus tard, quand je n'aurai plus ni cheveux ni dents, si je suis seul assis à mon feu, les deux pieds sur les chenets, sans qu'une femme dévote, des enfants barbouillés et une belle-mère acariâtre viennent me déranger dans ma solitude, je fouillerai dans mes souvenirs, et, parmi tous les accidents qui animeront ma vie de jeune homme je décrocherai souvent des lambeaux de cette histoire d'hier ; je rirai de ma folle passion pour Louisa, de cet enfantillage dont je ne me suis pas rendu compte, que j'ai pris pour de l'amour, et qui n'était qu'orgueil et curiosité : orgueil inspiré par les succès de Louisa, danseuse obscure et ignorée, passant tout d'un coup sur une vaste scène, devant un nouveau public fanatique de ses danses lascives et de ses intrépides cabrioles ; curieux de voir ses joues sans couches de céruse et de vermillon, sa poitrine libre de tout maillot de brocart et de soie parsemée d'étoiles, sa tête brune débarrassée de cet attirail de ferblanc, de fausses perles et de verroteries; curieux enfin de voir, chez elle ou chez moi, cette femme que je n'ai jamais qu'entrevue sur une surface de quelques pieds carrés, dansant à côté d'arbres peints, s'égarant sous des bosquets de carton, et craignant toujours de renverser dans ses pirouettes le château qu'un prince généreux lui donnait tous les soirs jusqu'à concurrence de l'entracte ou d'un changement à vue.

Cette femme, mon bon ami, je l'ai vue comme je voulais la voir ; j'étais alors sous mon costume de Lebidois. Eh! bien, me croirais-tu ? plus j'y pense, et plus je regrette aujourd'hui mes impressions d'autrefois, les féeries dans lesquelles elle m'apparaissait comme les sylphides que nous avons tous rêvées dans nos songes d'adolescents. Quand la femme m'apparut à la place de la comédienne, Louisa était bien belle, et pourtant j'ai eu des regrets ; mon insatiable curiosité m'a coûté trop cher à satisfaire ; j'ai perdu une de mes illusions et ne doit-on pas, à vingt cinq ans, commencer à être avare de ces charmantes hallucinations qui pâlissent et deviennent de plus en plus rares à mesure que les calculs, la raison, l'avenir enfin, se dressent devant vous?

Tu le vois, je suis encore en prison, et le désœuvrement me pousse à te griffonner pour deux heures d'ennui; tu n'es, du reste, en rien engagé à lire cette longue lettre. En consultant la signature, tu verras, probablement, ces derniers paragraphes dans lesquels je t'annonce que, sous deux ou trois jours au plus, j'irai te presser les deux mains. Il te sera parfaitement inutile d'en lire d'avantage.

A bientôt.

VALENTIN RAYNAL.

DIX-NEUVIÈME LETTRE.

LAZARE A MADAME MARIE D'ALTON.

Avant toute chose, Madame, laissez-moi vous dire que nous nous aimons.

Et maintenant, je vais vous faire connaître quel est celui que vous aimez, et vous apprendre aussi comment j'ai su que vous m'aimiez. Je vous ai rencontrée pour la première fois à l'Opéra il y a quatre ans. C'était à une grande solennité musicale.

Je venais d'entrer, accompagné d'un de mes nouveaux amis, le comte Séraphin, dans une loge où nous avions l'habitude de venir étaler au public les bruyants éclats d'une gaîté trempée dans les coupes de quelque festin équivoque.

On jouait, ce soir-là, *Robert-le-Diable*, le chef-d'œuvre aîné de Meyerbeer. Duprez abordait pour la première fois ce formidable rôle qui veut des épaules de Titan. Cette représentation avait donc tout l'attrait d'une nouveauté, et le public était venu y assister, impatient, curieux et enthousiasmé, des fleurs et des bravos plein la main.

La salle de l'Opéra offrait, ce soir-là, un admirable spectacle où les splendeurs de l'art se trouvaient magnifiquement rehaussées par les splendeurs du luxe parisien.

Cependant, les sens alourdis par de capiteuses vapeurs, je m'étais assis près de mes compagnons et je me sentais, degré par degré, descendre dans ce profond anéantissement qui est une espèce de mort partielle, — moins les funérailles et le cercueil. — Immobile comme la colonne contre laquelle je m'appuyais, mon ombre seule attestait ma présence, et quoique j'eusse les yeux et l'oreille ouverts, je ne voyais rien, je n'entendais rien, car mon être était ailleurs.

Tout l'admirable ensemble avec lequel était exécutée cette œuvre immense, qui semble être due à la collaboration d'un ange et d'un démon, était perdu pour moi.

L'imposante masse chorale et l'orageuse fanfare sonnant l'appel du tournoi, à la fin du deuxième acte, n'avaient pu me tirer de cet engourdissement dans lequel j'étais plongé depuis mon entrée dans la salle, — la foudre elle-même serait tombée à mes pieds que je n'aurais point tressailli.

Le troisième acte allait commencer, et déjà l'orchestre préludait au lever du rideau, lorsque réveillé par je ne sais quel magnétique instinct, je retrouvai graduellement l'exercice de mes facultés, et je reconnus en quel lieu j'étais.

En ce moment, il se passait quelque chose d'extraordinaire dans la salle. Une grande agitation régnait surtout dans le parterre, des murmures auxquels je crus distinguer un sens admiratif se croisaient avec de curieuses interrogations, et tous les yeux semblaient être dirigés vers un point de la salle où une jeune femme venait d'apparaître dans une loge jusque-là demeurée vide.

En la voyant, je compris que c'était à elle que s'adressait cette flatteuse ovation que soulève la beauté quand elle apparaît subitement dans une foule, et surtout dans une foule d'artistes et de poëtes, toujours prêts à l'admiration et à l'adoration, lorsque le hasard fait glisser devant leurs yeux ravis une de ces radieuses figures, si belles qu'on les croirait descendues des olympes de l'art et de la poésie.

Cette femme que j'ai toujours eue devant les yeux depuis quatre ans était accompagnée d'un personnage qui se tenait debout dans le fond de la loge, et dont il n'était pas possible de distinguer les traits.

La belle inconnue avait pris l'attitude la plus commode pour l'audition. Presque immobile sur le devant de la loge, où se reposait son bras orné d'un simple ruban bleu formant bracelet, elle avait la tête appuyée dans une de ses mains et paraissait poser pour son portrait : elle portait une robe de velours qui, par sa coupe, laissait entrevoir des épaules et un col dont la forme semblait avoir été caressée par les plus purs ciseaux de l'art païen. Lorsqu'elle se dérangeait pour parler à son compagnon, qui semblait à dessein demeurer dans l'ombre, tous ses mouvements semblaient réglés par une loi harmonieuse où la noblesse et la grâce s'unissaient en un parfait accord. L'observateur le plus habile n'aurait pu rencontrer une seule nuance ou une fausse mesure, qui dans le geste, le regard ou l'attitude vinssent rompre ou déranger la mélodie de cette beauté calme.

— Quelle est donc cette femme ? demandais-je au comte Séraphin qui était près de moi, avec un de ses amis, secrétaire d'une légation importante.

— De quelle femme parlez-vous? me répondit le comte.

— De la dame qui vient d'entrer dans la loge voisine de celle des Aguado.

— Ah! fit Séraphin après une courte hésitation, vous parlez de la femme blonde, qui a une robe de velours bleu, des rubans bleus, des yeux bleus et un bouquet de fleurs bleues, comme la déesse de l'azur. C'est la princesse de ***, elle est venue faire à Paris un séjour d'un mois et doit incessamment retourner en Allemagne. — Regardez-la bien, car il est probable que vous ne la reverrez jamais.

— Comment? demandai-je.

— Oui, reprit Séraphin, on prétend qu'elle est décidée à prendre le voile à son retour dans son pays : c'est toute une histoire. De Regmaudière pourra vous conter cela, il est au fait des mystères de chancellerie.

Le diplomate interrogé regarda Séraphin en riant et répondit :

— Je ne sais rien sur la princesse de ***; mais si M. Lazare s'intéresse à elle, il pourra en demander des nouvelles au comte Antony. Ainsi que l'indique le sphinx emblématique qu'il porte dans son blason. Antony débrouille tous les mystères. Si le pape voulait lui garantir une rente annuelle de dix bouteilles de *Lacryma-Christi* sincère, il lui expliquerait le mystère de la Sainte-Trinité en deux séances.

— La princesse est belle, reprit Séraphin ; mais je n'aime pas ces beautés-là, moi ; c'est mou, terne, incolore, comme le pinceau anglais. Je donnerais tout un harem de ces beautés de keepseake pour cette Loïsa qui est en face de nous et qui dévore des yeux notre ami Lazare ; voilà une belle créature !

Mais je n'écoutais plus Séraphin, mes regards s'étaient de nouveau perdus dans l'extatique contemplation de cette femme dont une parole de mon ami venait de faire presque une reine.

Cependant, le spectacle approchait de sa fin. Le rideau venait de se lever pour la cinquième fois. Les moines avaient défilé en chantant le grand chœur de la Miséricorde, et Robert et Bertram venaient d'entrer en scène.

Le grand trio final allait commencer. Déjà l'orchestre en attaquait le motif, les cordes des basses grondaient avec colère, la bouche des cuivres vomissait les formidables accords du rhythme infernal au milieu duquel le violoncelle épanchait ses sanglots.

Au milieu d'Alice et de Bertram, Robert, éperdu,

incertain ; s'écriait avec une invincible terreur :

<small>Prenez pitié de moi!
Prenez pitié de moi!</small>

et la lutte continuait entre le bon et le mauvais génie qui se tenaient au côté de l'amant d'Isabelle.

C'est alors que je devins l'objet d'une étrange hallucination, la fable scénique était devenue une réalité. Pour moi, j'étais devenu le personnage de Robert, et ses terribles incertitudes avaient passé dans mon âme, que se disputaient l'ange de l'azur et le roi de l'abîme. — Dans cette métamorphose étrange, où une moitié de moi-même assistait au drame terrible dans laquelle l'autre moitié était engagée, Bertram prenait tour à tour à mes yeux les traits du comte Séraphin et du comte Antony — et, miracle nouveau éclos de ma vision, l'Alice aux yeux mouillés de larmes, à la voix pleine de supplication quand elle parlait à Robert, pleine de malédictions lorsqu'elle s'adressait à Bertram. Alice était la femme de la loge, et comme dans le poëme, l'ange triomphait du démon.

Quelle singulière prophétie! et pourquoi n'y ai-je pas cru plus tôt?

Etrangement ému par les impressions que m'avait causées cette vision, je ne rentrai dans le monde réel qu'au moment où des dernières notes de l'orchestre s'éteignaient avec le majestueux éclat du chœur final.

Mon premier regard fut pour la loge de la belle inconnue. — Elle était vide.

— Envolée, mon cher, me dit Séraphin qui m'avait observé. — Mais qu'avez-vous donc ce soir, mon cher Lazare, vous êtes triste comme l'abbé des *marrons du feu*. Venez-vous souper?

— Oh! non, non, répondis-je. Et en quittan l'Opéra je courus m'enfermer chez moi, et pendant huit jours j'y restai cloîtré, dans une adoration pieuse, devant l'image fidèlement conservée de cette femme qu'on m'avait dit fille de maison souveraine.

Cette femme — vous l'avez deviné, Madame. — Cette femme, c'était vous — et maintenant vous savez depuis quand je vous aime.

Quatre ans entiers j'ai caressé votre image que j'étais parvenu à retracer de souvenir. Et il a fallu toute l'influence qu'avaient su prendre sur moi MM. Séraphin et Antony pour que je n'allasse point vous chercher en Allemagne. Il ne se passait guère de jour où malgré moi je ne m'oubliasse à trahir devant mes deux amis les mystérieuses préoccupations de ma pensée, et Dieu sait de quels sarcasmes aigus ils accablaient la dévotion de mon cœur à votre souvenir.

Cependant vous avez dû savoir quelle a été ma vie depuis cette soirée où je vous ai rencontrée. Docile aux conseils et aux exemples de mes tuteurs infernaux, j'ai fait plusieurs fois le tour de toutes les mauvaises passions, et bu à longs traits l'oubli des bons instincts dans les coupes empoisonnées des joies brutales et des basses amours.

Pour satisfaire de misérables vanités qu'on attisait par des défis, j'ai ajouté de nouveaux chapitres aux chroniques de la débauche moderne. — J'ai sans but, sans passion, sans désir, uniquement pour rester au niveau de mes maîtres, détruit par de scandaleux éclats la paix de plusieurs familles. Comme on l'avait fait pour moi, j'ai jeté dans les mauvais sentiers et conduit aux écueils des jeunes gens, qui, sans l'avoir traversé, ont à jamais laissé derrière eux le jardin de la jeunesse. Enfin, pendant ces quatre années, durant lesquelles j'ai dévoré deux patrimoines, mon nom a acquis une réputation; on citait les brillantes parades de mon esprit; on disait que j'avais ramassé la guitare enchantée de don Juan et son échelle de soie, et son épée homicide, dont il faisait un poignard au besoin. Je possédais de ces terribles secrets qui rendent esclaves soumises les femmes les plus hautaines, qu'on voit devant les ignorants ou les crédules se draper à loisir dans les arrogances d'une réputation immaculée. J'étais envié, recherché, presque honoré, on venait à moi pour apprendre le chemin du mal, comme à un pilote sûr dont l'expérience ne pouvait tromper.

Tel j'ai été pendant quatre ans, Madame, ou du moins tel j'ai paru être.

Mais, au milieu de cette existence corrompue et corruptrice, au sein de ces fêtes nocturnes où le plaisir lui-même était morose et triste, où les flambeaux du festin n'éclairaient que des fronts chargés d'ennuis, où l'indolence des esprits attestait des préoccupations d'intérêts menacés ou des rivalités menaçantes, ronces éternelles qui croissent parmi ces jouissances de convention comme une lampe de Vesta oubliée dans un lieu impur, une chaste pensée habitait encore dans ma vie.

Cette pensée, cette perle demeurée intacte au milieu des fanges dans lesquelles je marchais, c'était votre souvenir, Madame. Oh! que de fois, pendant les confidences désespérées que j'adressais à votre fantôme, que de fois tous les cris de mon âme vous ont-ils appelée à son secours, et se peut-il que vous ne les ayez jamais entendus !

O crime du hasard ! Si je vous avais retrouvée une seule fois il y a quatre ans, vous m'auriez sauvé ! comme dans la vision de l'Opéra ; vous auriez triomphé de ceux qui m'ont éloigné de vous. Alors il était temps ; alors je n'étais pas à eux entièrement, et vous n'étiez pas encore à celui qui, depuis, a su m'entraîner, par l'habitude et par la puissance de sa volonté, dans un abîme où, tout dernièrement, j'ai failli laisser l'honneur de mon nom.

Votre témoignage a été invoqué dans cette affaire : je n'ai pas besoin de vous en reproduire les détails. Dans quel but cette odieuse comédie avait-elle été machinée ? Je l'ignore encore. Mais, de même que vous avez eu les prémices de mon unique amour, de même MM. Séraphin et Antony ont eu les virginités de ma haine : le premier, parce qu'il a élevé entre vous et moi des barrières impossibles à franchir, même à l'amour le plus obstiné ; le second, je n'ai pas besoin de vous dire pourquoi : tous deux ils m'ont volé quatre ans d'amour et de bonheur ; ils ont éteint un à un tous les astres qui s'étaient levés dans l'aube de mes vingt ans ; ils m'ont, avec préméditation, inoculé le mal de l'expérience dans mon cœur rempli d'illusions. C'est un attentat plus horrible que l'homicide armé. Tous deux vivent maintenant sous les foudres de ma vengeance; et, puisqu'ils voulaient un dénoûment sanglant à cette aventure, il y en aura un.

Il faut qu'ils meurent tous les deux, Antony surtout... N'est-ce pas, Madame, qu'il faut qu'il meure?

Grâce à son repentir, grâce surtout au secret qu'elle m'a appris, je pardonnerai à leur complice, à cette femme qu'animait contre moi l'ardeur de je ne sais quel horrible amour, pétri de vanités et de vils instincts. Cette femme est d'ailleurs sous votre protection. C'est par elle que j'ai connu les épouvantes de la geôle, les mœurs du crime, les terreurs qu'inspirent même aux innocents l'appareil de la justice, les sinistres et menaçantes formules de l'acte d'accusation; mais aussi, c'est grâce à elle que j'ai su que vous aimiez, que vous n'avez pas craint de vous compromettre en prenant hautement ma défense devant les juges instructeurs, qui ne vous demandaient qu'un témoignage ordinaire. Oh! quand on m'a lu cette déposition signée de votre nom, — voyez la douce et poétique superstition de l'amour, — j'ai presque deviné que ces paroles avaient été prononcées par la femme que j'aimais.

Maintenant, Madame, je suis libre, et j'ai employé à vous écrire la première heure de ma liberté,—la première heure de ma vie nouvelle, car je renais de moi-même.

Un acte que la nécessité m'imposerait, si je n'avais pas d'autres motifs, me reste à accomplir, et j'y vais travailler. Vous savez de quoi je veux parler, Madame.

Dans cette lutte qui doit ouvrir une tombe, l'ordre naturel et juste des événements me prédit quel sera le vainqueur, quand celui qui pourrait me rappeler ce que j'ai été n'existera plus, j'en aurai fini avec le passé. — L'oubli engloutira ces quatre années pendant lesquelles je me suis si fatigué à être malheureux! Je retrouverai les augustes amitiés qui m'avaient accueilli quand je sortis de ma famille, et on rouvrira à mes pas les portes des nobles ambitions, et peut-être un jour pourrai-je réaliser des rêves dont on avait détourné l'essor.

Le programme de l'avenir est beau; mais, dans cet avenir plein de promesse, je ne puis pas entrer seul, et j'attends de vous, Madame, une réponse qui m'apprendra si je dois rester au seuil du bonheur, ou si vous voulez y entrer votre main dans la mienne.

LAZARE.

VINGTIÈME LETTRE.

LE VICOMTE SÉRAPHIN A MADAME LA COMTESSE DE SYLVERS, EN SON HÔTEL.

Lundi 29 juin 1846.

Madame, comme je viens de tuer monsieur votre mari, il serait indécent que je vous épousasse en France. Venez donc me rejoindre à Milan. J'y cours en poste à l'heure qu'il est. Je descendrai chez mon cousin le marquis Salieri.

Maintenant que pour le plaisir de vos yeux j'ai disposé en corbeille les plus fraîches fleurs de ma lettre, permettez-moi de descendre à quelques détails. M. de Sylvers, saisi d'une sorte de fièvre chaude, m'a gravement insulté. Je lui avais fait perdre sa maîtresse, disait-il. Vous comprenez que je ne vous raconte point ceci pour me faire bien venir, il y a trop longtemps que l'indifférence fermait vos yeux sur les désordres de M. Sylvers.

J'avoue que la provocation d'Antony m'a surpris ; mais après de courtes réflexions, j'ai vu ce duel gros d'heureuses conséquences pour l'avenir, et je me suis promis d'en sortir vainqueur.

En arrivant à Versailles, nous avons trouvé Antony digne et calme, quoique un peu pâle. Ses lèvres minces étaient plus serrées qu'à l'ordinaire. Il était vêtu de noir et s'était fait coiffer. Au moment de quitter l'hôtel des Armes de France, il a jeté un dernier coup d'œil dans le miroir et s'est dextrement arraché un cheveu blanc qui scintillait dans ses mèches luisantes. Ce détail m'a fait sourire. Cependant, j'étais triste. Je pensais à la mort ; et la mort, au milieu des intrigues corsées que je noue depuis quelque temps, m'effrayait. J'ai toujours redouté de finir comme Archimède.

Or, le problème dont je poursuis la solution est d'une autre importance sociale que tous les théorèmes du philosophe de Syracuse. Faire épouser une fille par un honnête homme, c'est compliqué ; mais s'ils s'aiment, c'est insignifiant. Or, j'ai entrepris de marier Louisa, Louisa la célèbre écuyère, une de ces filles dont nous faisons des reines, parce qu'il est toujours doux de poser le talon de sa botte sur un front couronné ; et le mari que je lui ai choisi, c'est Lazare, oui, Lazare le poëte, Lazare dont plus d'une famille princière jalouse le blason, Lazare qui n'aime pas Louisa, qui la méprise et qui la hait.

Convenez-en, si ce plan réussit, j'aurai fait une œuvre grande et terrible, j'aurai nié d'un seul coup l'honneur, la poésie et l'amour.

J'aime beaucoup nier ces choses-là chez les autres. Antony, qui nous gênait tous deux, ma Césarine, car vous ne l'aimez pas et je vous aime, moi, Antony pouvait, d'un coup d'épée, couper à la fois tous les fils de la trame si laborieusement ourdie. Entre ma vie et sa mort je n'hésitai pas. Il le fallait.

Nous nous sommes rendus chez mon second témoin, M. Alexandre, qui demeure dans le bois de Verrières, à deux pas de la maison de Mme d'Alton. M. Alexandre nous a fait remarquer que, depuis quelques jours, la commune de Verrières était fort surveillée et qu'il y avait péril à se battre en plein bois ; le jardin de M. Alexandre a donc été choisi d'un commun accord pour le lieu du combat.

Antony me laissait le choix des armes. Je n'ai pas accepté ; il s'est alors déterminé pour le pistolet. Nous avons pris les pistolets de M. Alexandre, des pistolets de tir à balle forcée. Avec ces terribles armes, véritables instruments de précision, nous étions sûr d'avoir un duel sérieux.

On s'est placé à trente-cinq pas; nous avions le droit de marcher chacun cinq pas l'un sur l'autre et de tirer à volonté. Nous étions dans une longue allée de marronniers qui s'entrecroisaient et formaient une voûte de verdure. Le soleil jetait des teintes jaunes et rousses à travers ce vert sombre; et les oiseaux chantaient.

Antony, boutonné jusqu'au menton et le col entouré d'une cravate noire sans faux-col, se confondait avec les masses épaisses de l'horizon. Je ne distinguais que vaguement sa figure longue et pâle, illuminée par des yeux brillants de vengeance et altérés de sang. Il fit cinq pas; je restai immobile, il tira et sa balle me coupa une mèche de cheveux. Je l'ai retrouvée sur le gazon, je vous l'envoie.

A mon tour, je marchai sur Antony; je ne voyais plus que ses yeux flamboyants. Je visai aux yeux. Antony tomba avec un sourd gémissement. La balle était entrée dans l'orbite gauche.

Je n'avais plus qu'à quitter la France dans le plus bref délai. Mon passeport pour l'Italie était en règle. J'ai pris une chaise de poste à Versailles. Mellencourt, mon plus intime ami, occupe une position élevée à la Chancellerie. Il obtiendra facilement que le garde des sceaux ferme les yeux sur ma fuite. On me poursuivra quand j'aurai passé la frontière.

Vous me demanderez si j'ai des remords. Je ne sais pas, mais depuis la mort d'Antony j'éprouve une joie sincère et sans égale. L'univers me paraît plus vaste et la création plus harmonieuse. Qu'ai-je fait? J'ai tué un homme faible, un sot qui faisait le méchant. Oh! si vous saviez comme j'exècre ces hommes, ces civilisés de Paris, qui sont moins beaux qu'un lazzarone de Naples, moins forts que leurs valets, plus bêtes que leurs maîtresses et plus pauvres que le plus petit brasseur de Glasgow ou de Chesterfield, si vous saviez combien j'ai horreur de ce luxe d'argent-doré et de carton-pierre, de ces femmes qui n'ont pas de gorge et qui ont de l'esprit, de ces machines qui naissent, qui rient, qui pleurent et qui meurent sans savoir pourquoi, vous comprendriez ma tranquillité d'âme, et vous excuseriez le seul regret que j'emporte, celui de n'avoir pas eu le temps de miner et de faire sauter l'Opéra, Jockey-Club et le boulevard des Italiens,

D'autres feront mieux et plus, je me console.

Si cette lettre vous effraie, si vous avez quelques scrupules, en un mot si vous n'êtes pas à moi de l'âme comme du cœur, ne venez pas en Italie. Je saurai ce que cela veut dire et je vous oublierai.

Mais si votre âme est forte et votre cœur bien trempé, ne perdez pas une minute. Vous serez l'épouse adorée et l'unique maîtresse de

SÉRAPHIN.

VINGT-UNIÈME LETTRE.

MARIE D'ALTON A M. LAZARE DE CHABANNE MALAURIE.

Monsieur,

Vous entreprenez une tâche redoutable en essayant de me convertir à un nouvel amour. Vous avez souffert, et je souffre. De fatales amitiés ont soufflé sur vos illusions de jeunesse, et vous espérez qu'elles vont renaître; moi je n'espère plus. Vous êtes ardent et fort; je suis faible et découragée. Les fautes que vous avez commises, les hommes les oublieront; vous pouvez purifier aux flammes de l'Art et de la Poésie votre toge souillée. La Gloire vous mettra sans doute au front une auréole qui sanctifiera les cicatrices de la couronne d'épines. Bien plus, le souvenir de tant de mauvais jours ne sera pour vous qu'une source inspiratrice, et vous ferez de vos douleurs des joies impérissables. Vos enfants prononceront votre nom avec orgueil et avec respect; le monde l'inscrira dans la liturgie des poëtes et des artistes, l'immortelle phalange.

Mais, moi !

Qui donc effacera la tache indélébile? Qui me rendra l'honneur perdu, la pureté première et ce voile immaculé que j'ai jeté au vent des passions? Je suis une femme perdue, je le sens bien, et votre amour, fût-il immense et profond comme la mer, ne peut me donner le repos.

Où puiserez-vous la force d'oublier ce que je ne saurais oublier dans ce monde? Ne retrouveriez-vous pas toujours dans votre femme la maîtresse du comte Antony de Sylvers? Tenez, ce nom seul soulève votre haine. Vous vous armez et vous marchez à sa rencontre; vous voulez le tuer et vous espérez retrouver dans ses dépouilles le bonheur qu'il vous a volé.

Plût à Dieu que votre vengeance pût s'accomplir encore et mettre ainsi entre nous un invincible obstacle. Mais le comte Antony est mort. C'est dans mes bras qu'il a rendu le dernier soupir. J'ai là une robe tachée de son sang; c'est ma robe de veuve.

Oui, le ciel a voulu qu'il fût frappé près de moi, presque sous mes yeux. Ai-je besoin de vous dire par qui! La voix publique vous a instruit sans doute, car la fuite du vicomte Séraphin et l'arrestation de M. Alexandre ont ébruité cette horrible catastrophe, dénoûment imprévu du drame dont vous étiez la victime désignée.

Je suis restée anéantie, folle, et je ne suis pas morte en contemplant ce cadavre défiguré, sanglante hécatombe offerte à la loi sociale par l'amour adultère. Puis la raison m'est revenue par degrés et un grand déchirement s'est fait en moi. Quelque chose s'est encore écroulé dans mon cœur. J'ai compris que je n'avais point aimé Antony. Pleine d'un grand trouble et d'un grand effroi, j'ai évoqué un à un tous les actes de ma vie passée, et je me suis refusé l'absolution de mes fautes. Je me suis condamnée moi-même et sans appel.

Oh! que parliez-vous de vengeance! Elle est venue terrible, inexorable, sans pitié pour nous deux, car, il a fallu cette heure suprême pour que je me fisse l'aveu qui m'épouvante : j'étais la maîtresse d'Antony et je ne l'aimais plus. L'avais-je jamais aimé?

Misérable et folle que je suis! Cette fille, cette Louisa, j'osais la mépriser, parce qu'après avoir crié à l'univers qu'elle vous aimait d'amour, elle s'était enfuie avec un autre, avec le premier homme que le hasard avait amené là! Ai-je valu mieux qu'elle en pensant à vous, Lazare, lorsque je veillais Antony mort? J'ai relu votre lettre à la lueur des cierges funèbres, et le comte de Sylvers n'a pas soulevé ses bras raidis pour foudroyer ma trahison!

Il y a quatre ans, Lazare, j'étais heureuse, j'étais aimée, je croyais fermement à l'éternité de mon bonheur; et lorsque assise au premier rang de cette loge d'Opéra, où vous m'aperçûtes grave et douce, ayant près de moi Antony, qui me désignait au loin ses deux amis, Lazare le poëte et le sardonique Séraphin, je ne prévoyais pas que ces trois hommes se détruiraient l'un par l'autre et me fouleraient aux pieds dans la lutte.

Cependant, en vous voyant ce soir-là pour la première fois, je ressentis un coup au cœur. Un instinct secret, fruit de cette seconde vue de l'âme, à laquelle ne croient pas vos philosophes ni vos savants, me disait : « Le voilà, celui que tu as cherché, celui que tu dois aimer et qui doit vivre de ton amour. Le voilà; prends-le, il est à toi; fais un geste, un signe; dis un mot, et tu prends possession de ta félicité sur terre. Ne crains pas de résistance, car celui-là t'aime, celui-là t'appartient véritablement et t'appartiendra toujours ! ».

Mais je ne dis pas ce mot, je ne fis pas ce geste, et je continuai de sourire au comte de Sylvers ; et c'est pourquoi j'ai perdu l'estime de moi-même. Après cette révélation brusque d'un amour inconnu mais inné, je n'avais plus que deux partis à prendre : me jeter franchement, hardiment dans vos bras ou m'enfermer dans une prison cloîtrée. Mais non, j'ai transigé avec la vie, et aujourd'hui que vous me dites : Je vous aime! je ne me crois plus digne de vous !

Voilà la cause, ô mon âme ! voilà la cause de mes douleurs! Depuis quatre ans, je vous aime et je vous désire... et je vous plains, et je vous fuis. Je ne vous entendais nommer qu'associé à des exploits de débauche et d'orgie. Vos compagnons eux-mêmes parlaient de vous avec une admiration pleine de terreur. Ils étaient sans doute effrayés de leur ouvrage ! Eh bien ! je devinais : sous la pourpre infernale j'apercevais les ailes de l'ange déchu. Je vous trouvais grand encore parmi tant de misères et fier au milieu de ces dégradations. Oh ! pourquoi ai-je manqué de courage ? pourquoi ne suis-je point allée à vous ? pourquoi n'ai-je point tenté de vous tirer de l'abîme, au risque d'y tomber avec vous ?

J'ai reculé lâchement devant un nouvel amour qui m'eût irrévocablement perdue aux yeux du monde, mais qui nous eût sauvés peut-être tous les deux. J'ai sacrifié à mon égoïsme mon devoir de femme, qui est d'aimer. Et aujourd'hui je pleure amèrement.

Oui, Lazare, je vous aime ! et vous avez fait éclore dans mon cœur mille passions inconnues. J'ai compris que mon existence n'a été qu'une longue erreur. Mais puis-je mettre le passé à néant, et recommencer ma vie, comme une lettre qu'on recommence après avoir jeté le brouillon au feu ?

Lazare, si je me donne à vous, si j'appuie désormais ma faiblesse sur votre force, si je vous charge du lourd fardeau de ma vie passée, puis-je en échange vous donner le bonheur ? Nous nous connaissons à peine, et vous me trouverez peut-être autre que vous ne m'avez rêvée. Je ne suis plus sûre de moi Serai-je assez forte pour me faire aimer encore ! Et si dans deux ans, dans dix ans vous cessiez de m'aimer ? Voyez, Lazare, quel deuil éternel couvrirait votre vie ! Je supporterais votre abandon, et j'en mourrais ! Mais vous, qui comblerait le vide de votre cœur ?

Non, je ne serai pas votre femme devant les hommes. Il faut, pour porter dignement le nom de vos pères, une femme sans tache, qui puisse ajouter à votre blason un lis inviolé. Vous allez rentrer dans le monde, vous aurez à combattre des haines, à dissiper des préventions, à refaire votre carrière et votre fortune. Ne vous liez pas les mains par un mariage d'amour.

Je serai votre maîtresse ; je vous aime assez pour cela. Je resterai dans l'ombre ; je vous servirai silencieusement et sans relâche. Le monde m'oubliera, ma tendresse inaltérable consolera toutes vos douleurs et vous fera calme et heureux. On dira en vous voyant passer :

— Voyez donc comme Lazare est beau, comme son œil est limpide, comme son front rayonne !

Et vous me redirez fidèlement ces cris d'admiration que vous aurez arrachés. Ce sera toute ma joie.

Que si vous cessez de m'aimer, vous me le direz sans détour et sans crainte. Je ne me plaindrai pas, je ne verserai pas une larme. Je me retirerai, et vous ne me verrez plus.

Dites, voulez-vous, Lazare ? La vie ainsi faite me sera douce autant qu'amère ; et j'en accepterai les délices austères comme une expiation.

Je ne veux pas vous voir avant un mois, mon ami. Jusque-là ne venez pas, n'écrivez pas. Pesez votre réponse. Rentrez dans ce monde d'esprits élevés et de grandes pensées où votre place est marquée parmi les plus illustres. Que mon souvenir et mes vœux vous accompagnent; et que votre résurrection fasse tressaillir Paris.

Cher, je me remets entre vos mains. Réglez ma destinée sur la vôtre. Imposez-moi le rôle que vous jugerez utile; je l'accepterai quel qu'il puisse être. Mais ne nous occupons que de vous d'abord. Vous, et puis vous encore. Tout est là pour votre

MARIE.

VINGT-DEUXIÈME LETTRE.

M. DE B*** A M. LAZARE DE CHABANNE-MALAURIE.

Oui, monsieur le comte, c'est avec joie et avec orgueil que je vous salue du nom de votre père, ce beau nom qui est à vous, et que vous venez cependant de conquérir ; car, sortir vainqueur du combat des passions et rapporter du fond de l'abîme, en signe de triomphe, cette palme qui s'appelle le Repentir, c'est faire à la fois plus et mieux que tous vos aïeux morts et immortalisés dans les batailles !

Oui, le Repentir, cette victoire des grandes âmes, est à la fois un réveil et une résurrection. Votre nom est providentiel. Comme le frère de Marie. cette douce femme qui répandit sur le Seigneur une huile de parfums et qui lui essuya les pieds avec ses cheveux, vous étiez déjà scellé dans le tombeau, ayant les pieds et les mains liés de bandes et le visage enveloppé d'un linge. C'est alors que le Maître, pleurant et frémissant en lui-même, est venu dire : Je suis la résurrection et la vie : celui qui croit en moi, quand il serait mort, vivra ; et qu'il vous a crié d'une voix forte : Lazare, sors du sépulcre !

Ce maître, plein d'angoisses et couronné de rayons, qui a levé la pierre de votre tombeau est le même qui ressuscitait le frère de Marie sous le ciel éclatant de la Judée. Au temps de Marthe et de Caïphe il s'appelait Jésus ; pour vous il s'appelle l'Amour.

Aimez donc, c'est-à-dire vivez ! La poésie c'est-à-dire la vie, est faite avec deux choses : avec la douleur et avec l'amour. Vous avez souffert et vous aimez. O poëte, je vous salue ! votre voix éclatera désormais parmi ces voix solennelles que l'univers écoute. L'univers, la patrie et la famille vous réclament comme un pasteur et comme un maître. Vous aussi, vous avez charge d'âmes.

D'ailleurs, je puis vous le dire aujourd'hui, mon cher fils, c'est à vous qu'appartient légitimement mon héritage, qui ne doit pas être divisé comme l'univers entre les capitaines d'Alexandre. Vous seul avez un front digne de porter cette couronne, que m'ont value, à défaut de génie, mes sincères et laborieux efforts.

Vous allez arriver un des premiers dans la grande révolution littéraire qui se prépare et qui effacera le mouvement artistique de mil huit cent vingt-huit. A l'aurore de la poésie et de la religion renouvelée, vous viendrez proclamer ce que j'ai fait entrevoir, la divinité de la Matière immortelle ! Exalté par le génie, grandi par la douleur, sanctifié par l'amour, vous, mon cher fils, vous ne méconnaîtrez pas l'esprit de ce sublime paganisme qui rend à Dieu la création perdue, et qui sera un jour la religion universelle. Vous ne prendrez pas, comme M. Théodore Bayol qui aurait pu être, après vous, le plus grand poëte de la génération qui s'avance, vous ne prendrez pas la fausse gaîté des goguettes pour la véritable expression de la poésie matérialiste, car vous savez que Platon et Anacréon ont raison tous deux, et que l'harmonie sereine d'un beau corps et d'une belle âme constitue seule la beauté humaine. Vous aimerez le vin parce qu'il contient le soleil, l'amour parce qu'il contient la force, la rêverie parce qu'elle enfante l'action. La beauté physique sera à vos yeux un dépôt sacré reçu du ciel, et dont les hommes et les femmes sont responsables comme du génie et de l'éloquence. Vous enseignerez le néant du mal, de la douleur et de l'abstinence, et le fouet à la main, comme un autre Jésus, vous chasserez de l'Olympe tous ces faux dieux. Enfin, vous mériterez véritablement la pourpre et le laurier des prêtres et des rois, en menant les légions humaines à la conquête de la Force, de la Beauté et du Bonheur. »

Mon cher fils, je n'ai pas besoin de vous dire que j'étendais sur vous une main protectrice, et que vous n'avez plus rien à craindre des hommes. En tous cas, je vous eusse sauvé de la justice humaine, mais je n'aurais pu vous sauver de vous-même si vous n'aviez pas poussé vers moi du fond de l'abîme ce cri qui m'a fait tressaillir de joie, car celui-là seul est sauvé qui a la foi, et c'est de celui-là seul que le Sauveur peut dire : S'il dort, il sera guéri !

Levez-vous donc, et marchez? Tout ici est prêt pour vous recevoir. La foule aura les yeux sur vous; la presse vous discutera assez pour que vous ayez le droit d'expliquer votre œuvre ; le monde vous recevra avec respect. Si Mme Marie d'Alton persiste dans la généreuse abnégation qui l'empêche d'accepter votre nom, on fermera les yeux sur un amour sanctifié par tant d'épreuves. Si, au contraire, vous parvenez à vaincre les scrupules de cette femme angélique, j'aurai l'honneur de la conduire à l'autel et de servir de père à votre fiancée.

Vous le savez, Lazare, entouré d'honneurs et de dignités, chéri de la foule, haï des envieux, écouté religieusement à la Chambre, consolé de tout par une famille florissante, qui me vénère comme un roi et me chérit comme un ami, le ciel m'a refusé, comme à tous les travailleurs qui font une œuvre exceptionnelle, un fils capable de continuer ma besogne divine.

Aussi le jour le plus heureux de ma vie sera-t-il ce jour déjà proche où l'on entendra annoncer à la porte de mon salon : M. le comte Lazare de Chabanne-Malaurie ! Car ce jour-là, après avoir couru au-devant de vous et vous avoir serré dans mes bras, je dirai à tous ceux qui écoutent religieusement ma parole :

« Amis, ce n'est plus moi qui suis la Force, ce n'est plus moi qui suis la Poésie et à l'Avenir. Celui qui est tout cela, c'est mon fils bien-aimé que je croyais mort et qui est revenu ! »

Alors, mon enfant, ce sera à votre main impériale de tenir le globe d'azur étoilé. Venez donc soulager ce pauvre Atlas à l'épaule déjà courbée

17.

sous sa pourpre, qui voudrait vivre dans l'ombre et le silence; entre de beaux enfants qui jouent sous la feuillée et des roses qui fleurissent dans les herbes!

Votre ami,

DE B***.

VINGT-TROISIÈME LETTRE.

MADEMOISELLE BLANCHE LEJEUNE A MADAME LOUISA BAYOL.

(Aux soins de M. le consul général de France à Alexandrie).

31 octobre 1846.

Enfin, chère Louisa, la victoire m'est restée. Le paquebot te porte, avec ma lettre, la nomination de ton mari au poste de consul de France à Mataryéh. On ne savait pas trop au ministère des affaires étrangères ce que c'était que Mataryéh ; je me suis chargée de l'apprendre au chef du cabinet. Mon ami Wotzin, un jeune savant employé à la Bibliothèque de l'Institut, m'a fait un mémoire historique sur Mataryéh dont il a démontré l'importance politique et commerciale. Bref, dans le déluge de grâces et de faveurs de toute espèce que le ministère a fait pleuvoir sur ses élus pour célébrer son sixième anniversaire, le consulat de Mataryéh a été emporté d'assaut.

Sache, pour ta gouverne, que Mataryéh est bâti sur les ruines d'Héliopolis : bien que M. Larcher, qui a traduit Hérodote, affirme que cette Héliopolis est fausse et n'est qu'une Héliopolis de seconde main. Contente-toi, ma chère, de cette Héliopolis qui possède un petit obélisque.

Avant qu'un poëte lyrique, appelé Théodore Bayol, eût eu l'idée de parcourir la Grèce, l'Asie, l'Egypte, et d'envoyer la relation de son voyage à une danseuse du Cirque, appelée Blanche Lejeune, qui la fit insérer aux *Débats,* et partit de là pour obtenir en son nom l'institution d'un consulat quelque peu fantastique, Mataryéh avait été déjà le théâtre d'ue singulière aventure. Ma chère on te montrera à Mataryéh les ruines de la maison de Putiphar.

C'est à Mataryéh que, deux ou trois mille ans plus tard, la Vierge s'arrêta pour se reposer avec l'enfant Jésus. Le sycomore sous lequel elle s'est assise étale encore, aux yeux des infidèles, son impérissable verdure.

En te transmettant ici les notes de M. Wotzin,

j'ai mon but — but philosophique. Choisis, Louisa, il est temps : en épousant Théodore, tu épousais la vertu, le devoir, l'honnêteté ; ici, je ne fais pas acception de la personne de Théodore. Que malgré ton amour pour lui, les yeux fendus en amande et la calotte rouge à gland bleu d'un neveu de Canaris t'aient séduite dans ton ombreux ermitage des Cyclades, je le comprends. J'ai connu, à Paris, le prince Démétrius Archétidès, qui affola d'un coup d'œil tout le boulevard du Temple et la rue des Fossés. Mais Canaris a bien des neveux encore ; les descendants des mamelouks sont nombreux en Egypte. Ibrahim a des fils, des frères, des cousins et des arrière-petits cousins. Prends garde et ne joue pas ton existence sur de folles amours.

Théodore est ce qu'on appelle à Paris un garçon de talent, rien de moins, rien de plus ; il croyait développer les ailes de sa muse en faisant huit cents lieues pour installer son dictionnaire de rimes sous le portique du Parthénon, tu vois le résultat ; il est moins poëte peut-être, mais, à coup sûr, il est bien plus consul. C'est un homme despotique, mais de peu de consistance ; nous le ferons consul général, et sans doute un jour ministre plénipotentiaire à la cour de Saxe-Zaëhringen ; il sera baron de Bayol et commandeur de divers ordres. Si tu fais ce qu'une bonne femme et une femme intelligente doit faire pour son mari, surtout quand elle ne l'aime pas, votre avenir est magnifique, et c'est alors que tu seras réellement vengée des Marie d'Alton qui ont osé se faire tes protectrices, et des Lazare que tu n'as pas su conquérir.

Ce pauvre comte vient d'éprouver un affreux malheur dans la personne de Mme Marie d'Alton, son amie, que la petite-vérole a entièrement défigurée! je dirais presque *elle n'en est que plus belle*, car sa figure est vraiment éclairée par le feu intérieur de la Charité. Cette femme supérieure est la providence de son arrondissement. Reconciliée depuis plusieurs mois avec sa famille, par les soins du vénérable abbé Bouzon, elle vient d'hériter d'une immense fortune qu'elle emploie à des œuvres pieuses. Quant à Lazare, je n'ai pas besoin de te dire qu'il est sorti du tombeau, mais entièrement sorti. Cela va sans dire. Sans cela, à quoi cela aurait-il pu lui servir de s'appeler Lazare?... Mais ne rions pas! M. de Chabanne-Malaurie est arrivé juste, grande chose! Il est arrivé aussi à propos que Chateaubriand, Béranger et Hugo dans leur temps. Bref, ses quatre volumes de poésies, de théâtre et de politique deviennent populaires; il tient la *Revue des deux Mondes*, les *Débats* et la

Presse; il vient d'être nommé membre du conseil général et lieutenant-colonel de la onzième légion de la garde nationale. Enfin, il est chevalier de la Légion d'honneur, il a la plaque de Charles III, et Sa Hautesse le Sultan a daigné lui envoyer le Nichan-Iftichar entouré de brillants.

Tiens, Minette, je n'ai qu'une peur pour M. de Chabanne, c'est qu'il ne passe trop tôt *bon Dieu*, ou, pour m'exprimer plus clairement, *personnage en carton;* comme nous disions à la Gaîté, du temps des mélodrames à combats au sabre.

Mais la Gaîté m'amène tout droit à M. Valentin Raynal, qui en abuse. Ne dis jamais à personne que j'ai fait un calembourg si digne de notre jeunesse !

Quelques jours après ta brusque disparition, je reçus la visite de ton ancien adorateur, et j'avoue que je fus quelque peu surprise de ne lui voir ni perruque jaune ni habit vert-pomme.

M. Valentin Raynal a été charmant. J'ai retrouvé en lui un de ces jeunes artistes qui nous font la grâce de ne porter ni bottes pointues, ni polonaises à Brandebourg, ni chapeaux marseillais. Il m'a raconté avec une verve comique tous les détails du triste rôle qu'il avait accepté dans la tragicomédie de Verrières.

Pendant tout un mois il est venu chez moi fort assidument, et lorsqu'il ne m'a plus été possible de conserver le moindre doute sur ses intentions, je lui ai fait l'honneur de me montrer très-franche. Je n'ai pas voulu qn'il se berçât plus longtemps d'un espoir inutile, et j'ai joué cartes sur table. Valentin, en homme d'esprit, a très-bien compris, et nous sommes à présent sur le pied d'une intimité tout à fait digne ; je lui rends quelques services, je le fais connaître, j'ai intéressé à lui l'administration des Beaux-Arts, et grâce à la persévérance de mes recommandations, il est depuis quelques temps un des décorateurs les plus occupés de l'Opéra.

As-tu entendu parler d'un M. Alexandre, qui avait prêté son jardin et ses pistolets au duel de Séraphin et d'Antony ? Ce monsieur s'était laissé condamner, sur les poursuites du ministère public, à un mois de prison et à cinquante francs d'amende. On ne sait si c'est pour ne pas faire son temps, ou pour frustrer le fisc de ses cinquante francs, qu'il partit pour la Belgique avec l'autre témoin du duel, M. Olivier de Besse. Les deux amis se sont avisés de prendre le chemin de fer le jour où vingt wagons ont dégringolé dans les tourbières de Fampoux, M. de Besse s'est brisé la tête contre le talus ; quant à l'infortuné Alexandre, il s'est noyé en tentant le sauvetage d'un bourgeois qui se débattait et qui ne voulait pas lâcher son parapluie.

Valentin a dit des mots atroces là-dessus, et n'a versé que peu de larmes sur la tombe de ses amis ; seulement il a manqué me brouiller sérieusement avec Godemer, le rival de Rothschild. J'avais si bien travaillé cet ex-libéral, qu'il avait confié à Valentin la décoration complète d'un salon. Le naturel *rapin* reprenant le dessus, Valentin brossa en manière de frise toute sorte de petites locomotives vomissant des matières ignées, de petits bonshommes s'agitant comme des diables dans un bénitier ; enfin tous les accessoires convenus de l'enfer des cinquièmes actes. Valentin a assuré que c'était une scène imitée du Dante. Soit que Godemer eût compris, soit qu'il n'aimât pas le moyen âge, il s'emporta et enjoignit à Valentin d'effacer ces *horreurs*, sauf à les remplacer par des guirlandes de roses. Valentin n'a guère hésité et a exécuté quelques bouquets avec tant de promptitude, que Godemer n'a pu s'empêcher de lui dire en arrondissant les bras et en faisant la bouche en cœur :
« Monsieur, les roses naissent sous vos doigts aussi rapidement que sous ceux de la nature ! »

Le soir, je publiai dans tout Paris que Godemer avait fait un mot ; depuis ce temps-là, Valentin et lui sont les meilleurs amis du monde.

Mais il faut bien que je te parle un peu de moi. Tu me disais souvent que je méritais d'être heureuse, mais que j'étais trop raisonnable et trop froide pour séduire jamais la Fortune. Sache donc que je possède aujourd'hui dans la rue de la Rochefoucault un hôtel d'une beauté sévère, qui ne date cependant pas du siècle dernier ; une splendide maison, qui convient à une femme parvenue, mais éminemment distinguée. J'ai à moi un trousseau de reine ou de bourgeoise flamande, une collection unique de camées et de diamants montés par Charles Vernet, qui garantiraient mon avenir contre tout événement imprévu. Je dois tout à l'affection d'un homme jeune encore, que ses sages convictions, ses travaux recommandables et son égoïsme sans exagération ont placé au premier rang dans le monde politique. Je l'aime comme un père, et il a la plus grande confiance dans ma haute raison. Il sait que pour retrouver ailleurs les plaisirs que je lui donne, il serait forcé de s'adresser à quelque femme perdue, et il a toujours évité avec prudence ces harpies qui mettent en lambeaux les bons sentiments et les héritages.

Aussi m'est-il fidèle par principe; chaque année il augmente mes rentes d'une somme qui finit par créer une véritable fortune, car je capitalise les intérêts et vis du reste avec une élégante économie !

Je n'ai pas besoin de te dire que je reçois le *Journal des Débats.* Quelques-uns de ses rédacteurs sérieux me font l'honneur d'assister à mes soirées, où l'on ne rencontre en fait de femmes que des cantatrices payées et une grande comédienne qui a su se conquérir une véritable importance littéraire et politique.

C'est dans mon salon qu'a été machinée une affaire dont tout Paris s'occupe, et à laquelle je dois une excellente position au théâtre.

De hautes influences appelaient à la chambre M. de Mursy, cet écrivain plein de fantaisie et d'élégance, qui n'a pas peu contribué au mouvement littéraire de 1830. Malheureusement, la poétique paresse qui a un peu gâté sa vie, comme celle de tant d'autres, faisait craindre qu'il ne manquât d'abord de suite et d'ensemble dans sa carrière parlementaire. On a donc songé à lui rendre le goût du travail par un grand succès littéraire, et ce succès a été arrangé d'avance avec toute la presse influente. On a fait faire des ouvertures à

M. de Mursy par le directeur de l'Opéra, qui lui a demandé un de ces ballets comme les poëtes en écrivent depuis quelque temps, et qui ont tout l'attrait des œuvres artistiques.

On s'est arrêté comme sujet a *la Naissance de Vénus;* car il faut bien que je te le dise, la mythologie revient un peu à la mode, et si ton mari était encore ici, il pourrait profiter de cela pour ramener sur l'eau *l'amour des belles femmes*, qui est sa grande marotte.

Cependant, il ne faut pas aller trop vite, ni choquer les idées reçues. La preuve c'est que, malgré les déclamations de ton maître et seigneur, les femmes maigres tiennent toujours le haut bout dans le monde convenable. Et quoique mon idée là-dessus soit au fond celle de toutes les femmes, égoïstement je m'en réjouis, car c'est à la queue du romantisme que je dois le rôle de Vénus dans le ballet nouveau.

M. de Mursy voulait une mime très-habile ; il a vu Mmes Forget et Lolotte jouer le rôle de Fenella, et n'a pas trouvé qu'elles répondissent aux exigences du rôle. Aussi, M. Pillet et M. de Mursy cherchaient-ils une Vénus partout Paris, car bien entendu on ne songeait pas à moi qu'on avait sous la main, les premières négociations ayant été entamées dans mon salon. Enfin, par un grand hasard, après une soirée où ces deux messieurs avaient baucoup admiré mon pas de schall de Taglioni, dansé sur ma jolie jument *Andromaque*, ils m'ont retrouvée à souper chez lord Howe, où j'avais bien voulu me joindre aux Keller pour une soirée de poses plastiques entre grands artistes et amis intimes.

Cette nuit-là même, chère Louisa, M. Pillet me donnait le rôle de Vénus et m'engageait pour les premiers rôles de mimes à raison de vingt-quatre mille francs, avec des feux de princesse et un congé de deux mois, que M. Bunn m'achète d'avance cinquante mille francs. Juge de ce que je puis faire maintenant, avec les amis que j'ai !

Ce rôle sera en tous cas pour moi une affaire superbe, car les princes, les ministres et presque tout le corps diplomatique doivent assister à la première représentation de la belle œuvre dont le succès intéresse les élections prochaines.

Tu le vois, Louisa, j'avais bien raison quand je te disais tout bêtement que la vertu seule conduit au bonheur. Par vertu, j'entends l'habileté persévérante qui combat toujours en acceptant les idées reçues.

En embrassant mille fois tes yeux et ton front,

chère folle, je ne puis que te répéter ce joli petit aphorisme qui a déjà servi de dénoûment à pas mal de mélodrames et qui clôra celui-ci aussi bien qu'autre chose :

Le crime est toujours puni et la vertu récompensée !

BLANCHE LEJEUNE.

ÉPILOGUE.

VINGT-QUATRIÈME LETTRE.

LOUISA A BLANCHE LEJEUNE.

Malte, 1er décembre 1846.

Chère ange,

Théodore est un homme infâme sur lequel je m'étais indignement trompée. Nous sommes séparés pour jamais, et je n'ai plus d'espoir que dans ton amitié.

Ma lettre me précédera à peine de quelques jours et je descendrai chez toi, bien entendu.

O ma petite chérie! vois tout de suite M. Gallois et tâche de renouer pour moi un engagement au Cirque. Je vois chaque nuit en rêve le spectre horrible de la Faim ! Ta

LOUISA.

P.-S. — Je voyage avec Séraphin que le vapeur déposera à Livourne. Un petit effendi, qui m'a prise sous sa protection, m'a dit en confidence que ce Français était attaché à la police secrète de M. Metternich.

Il n'y a qu'une chose qui puisse consoler cette pauvre Mme de Sylvers d'avoir épousé Séraphin :

Elle va être mère !

FIN.

Paris.— Typ. de Mme Ve DONDEY DUPRÉ, St-Louis, 46

COLLECTION MICHEL LÉVY.

Volumes parus et à paraître. — Format grand in-18, à 1 franc.

A. DE LAMARTINE.
- Les Confidences... 1
- Nouv. Confidences... 1
- Touss. Louverture... 1

THÉOPH. GAUTIER
- Beaux arts en Europe 2
- Constantinople... 1
- L'Art moderne... 1
- Les Grotesques... 1

GEORGE SAND
- Hist. de ma Vie... 10
- Mauprat... 1
- Valentine... 1
- Indiana... 1
- Jeanne... 1
- La Mare au Diable.. 1
- La petite Fadette... 1
- François le Champi. 1
- Teverino... 1
- Consuelo... 3
- Comt. de Rudolstadt 2
- André... 1
- Horace... 1
- Jacques... 1
- Lettres d'un voyag. 1
- Lélia... 2
- Lucrezia Floriani... 1
- Péché de M. Antoine 2
- Le Piccinino... 1
- Meunier d'Angibault. 1
- Simon... 1
- La dern. Aldini... 1
- Secrétaire intime... 1

GÉRARD DE NERVAL
- La Bohème galante.. 1
- Le Marq. de Fayolle. 1
- Les Filles du Feu... 1

EUGÈNE SCRIBE
- Théâtre (ouvrage complet)... 20
- Comédies... 3
- Opéras... 2
- Opéras comiques... 5
- Comédies-Vaudv... 10
- Nouvelles... 1
- Historiettes et Prov. 1
- Piquillo Alliaga... 1

HENRY MURGER
- Dern. Rendez-Vous. 1
- Le Pays Latin... 1
- Scènes de Campagne 1
- Les Buveurs d'Eau. 1
- Le Roman de toutes les femmes... 1
- Propos de ville et propos de théâtre... 1
- Vacances de Camille. 1

CUVILLIER-FLEURY
- Voyag. et Voyageurs. 1

ALPHONSE KARR
- Les Femmes... 1
- Agathe et Cécile... 1
- Pr. hors de mon Jard. 1
- Sous les Tilleuls... 1
- Sous les Orangers... 1
- Les Fleurs... 1
- Voy. aut. de mon jard. 1
- P. eignée de Vérités.. 1
- Les Guêpes... 6
- Pénélope normande. 1

Mme B. STOWE
- Traduct. E. Forcade.
- Souvenirs heureux... 3

CH. NODIER (Trad.)
- Vicaire de Wakefield. 1

LOUIS REYBAUD
- Jérôme Paturot... 1
- Dern. des Commis-Voyageurs... 1
- Le Coq du Clocher. 1
- L'Indust. en Europe 1
- Ce qu'on voit dans une rue... 1
- La Comt. de Mauléon.. 1
- La Vie à rebours... 1

Mme É. DE GIRARDIN
- Marguerite... 1
- Nouvelles... 1
- Vicomte de Launay. 4
- Marq. de Pontanges. 1
- Poésies complètes.. 1
- Cont. d'une v. Fille. 1

ÉMILE AUGIER
- Poésies complètes.. 1

F. PONSARD
- Études Antiques... 1

PAUL MEURICE
- Scènes du Foyer... 1
- Les Tyrans de Village 1

CH. DE BERNARD
- Le Nœud gordien... 1
- Gerfaut... 1
- Un homme sérieux.. 1
- Les ailes d'Icare... 1
- Gentilhom. campagn. 2
- Un Beau-Père... 2

HOFFMANN
- Trad. Champfleury.
- Contes posthumes... 1

ALEX. DUMAS FILS
- Avent. de 4 femmes. 1
- La Vie à vingt ans.. 1
- Antonine... 1
- Dame aux Camélias. 1
- La Boîte d'Argent... 1

LOUIS BOUILHET
- Melænis... 1

JULES LECOMTE
- Poignard de Cristal.. 1

X. MARMIER
- Au bord de la Newa 1
- Les Drames intimes. 1

J. AUTRAN
- La Vie rurale... 1
- Milianah... 1

FRANCIS WEY
- Les Anglais chez eux 1

PAUL DE MUSSET
- La Bavolette... 1
- Puylaurens... 1

CÉL. DE CHABRILLAN
- Les Voleurs d'Or... 1

EDMOND TEXIER
- Amour et finance... 1

ACHIM D'ARNIM
- Trad. T. Gautier fils.
- Contes bizarres... 1

ARSÈNE HOUSSAYE
- Femmes comme elles sont... 1

GÉNÉRAL DAUMAS
- grand Désert... 1

H. BLAZE DE BURY
- Musiciens contemp... 1

OCTAVE DIDIER
- Madame Georges... 1

FELIX MORNAND
- La vie Arabe... 1

ADOLPHE ADAM
- Souv. d'un Musicien. 1
- Dern. Souvenirs d'un Musicien... 1

J. DE LA MADELÈNE
- Les Ames en peine. 1

MARC FOURNIER
- Le Monde et la Coméd. 1

ÉMILE SOUVESTRE
- Philos. sous les toits 1
- Conf. d'un Ouvrier. 1
- Au coin du Feu... 1
- Scèn. de la Vie intim. 1
- Chroniq. de la Mer. 1
- Dans la Prairie... 1
- Les Clairières... 1
- Sc. de la Chouannerie 1
- Les derniers Paysans 1
- Souv. d'un Vieillard. 1
- Sur la Pelouse... 1
- Soirées de Meulon.. 1
- Sc. et réc. des Alpes.. 1
- Les Anges du Foyer.. 1
- L'Échelle de Femm... 1
- La Goutte d'eau... 1

LÉON GOZLAN
- Châteaux de France. 2
- Notaire de Chantilly 1
- Polydore Marasquin 1
- Nuits du P.-Lachaise 1
- Le Dragon rouge... 1
- Le Médecin du Pecq 1
- Hist. de 130 femmes. 1
- La famille Lambert. 1

THÉOPH. LAVALLÉE
- Histoire de Paris... 2

EDGAR POE
- Trad. Ch. Baudelaire.
- Histoires extraord... 1
- Nouv. Hist. extraord. 1
- Aventures d'Arthur Gordon Pym... 1

CHARLES DICKENS
- Traduction A. Pichot.
- Neveu de ma Tante.. 2
- Contes et Nouvelles. 1

A. VACQUERIE
- Profils et Grimaces. 1

A. DE PONTMARTIN
- Contes et Nouvelles. 1
- Mém. d'un Notaire.. 1
- La fin du Procès... 1
- Contes d'un Planteur de Canne... 1
- Pourquoi je reste à la Campagne... 1

HENRI CONSCIENCE
- Trad. Léon Wocquier.
- Scèn. de la Vie flam. 2
- Le Fléau du Village. 1
- Les Heures du soir. 1
- Les Veillées flamand. 1
- Le Démon de l'Argent 1
- La mère Job... 1
- L'Orpheline... 1

DE STENDHAL
(H. Beyle.)
- De l'Amour... 1
- Le Rouge et le Noir. 1
- La Chartr. de Parme. 1

MAX. RADIGUET
- Souv. de l'Amér. esp. 1

PAUL FÉVAL
- Le Tueur de Tigres.. 1
- Les dernières Fées. 1

MÉRY
- Les Nuits anglaises. 1
- Une Hist. de Famille. 1
- André Chénier... 1
- Salons et Sout. de Paris 1

ÉDOUARD PLOUVIER
- Les Dern. Amours. 1

GUST. FLAUBERT
- Madame Bovary... 2

CHAMPFLEURY
- Les Excentriques... 1
- Avent. de Mlle Mariette 1
- Le Réalisme... 1
- Prem. Beaux Jours. 1
- Les Souffrances du profess. Delteil. 1
- Les Bourgeois de Molinchart... 1
- Chien-Caillou... 1

XAVIER AUBRYET
- La Femme de 25 ans.. 1

VICTOR DE LAPRADE
- Psyché... 1

H. B. RÉVOIL (Trad.)
- Harems du N.-Monde. 1

ROGER DE BEAUVOIR
- Chev. de St-Georges. 1
- Avent. et Courtisanes 1
- Histoires cavalières. 1

GUSTAVE D'ALAUX
- Soulouq. et son Emp. 1

F. VICTOR HUGO
(Traducteur.)
- Sonn. de Shakspeare. 1

AMÉDÉE PICHOT
- Les Poètes amoureux 1

ÉMILE CARREY
- Huit jours sous l'Équateur... 1
- Métis de la Savane.. 1
- Les Révoltés du Para 1

CHARLES BARBARA
- Histoir. émouvantes. 1

E. FROMENTIN
- Un Été dans le Sahara 1

XAVIER EYMA
- Les Peaux Noires... 1

LA COMTESSE DASH
- Les Bals masqués... 1
- Le Jeu de la Reine.. 1
- L'Écran... 1

MAX BUCHON
- En Province... 1

HILDEBRAND
- Trad. Léon Wocquier.
- Scè. de la Vie holland. 1

AMÉDÉE ACHARD.
- Parisiennes et Provinciales. 1
- Brunes et Blondes. 1
- Les dern. Marquises. 1
- Les Femmes honnêtes 1

A. DE BERNARD
- Le Portrait de la Marquise... 1

CH. DE LA ROUNAT
- Comédie de l'Amour. 1

MAX VALREY
- Marthe de Montbrun. 1

A. DE MUSSET
GEORGE SAND
DE BALZAC etc.
- Le Tiroir du Diable.. 1
- Paris et les Parisiens 1
- Parisiennes à Paris. 1

ALBÉRIC SECOND
- À quoi tient l'Amour. 1

Mme BERTON
(Née Samson.)
- Le Bonheur impossib. 1

NADAR
- Quand j'ét. Étudiant. 1

JULES SANDEAU
- Sacs et Parchemins. 1

LOUIS DE CARNÉ
- Drame s. la Terreur. 1

www.ingramcontent.com/pod-product-compliance
Lightning Source LLC
Chambersburg PA
CBHW060417170426
43199CB00013B/2178